部落問題の解決に逆行する「部落差別解消推進法」

部落問題研究所：編

◆部落問題研究所◆

はじめに

「部落差別の解消の推進に関する法律」（以下、「部落差別解消推進法」）が、２０１６年12月16日に公布されました。この法律の問題点を明らかにするために、部落問題研究所編『ここまできた部落問題の解決―「部落差別解消推進法」は何が問題か』（部落問題研究所、２０１７年）を出版しました。

しかし、「部落差別解消推進法」が「現在もなお部落差別が存在する」こと、「情報化の進展に伴って部落差別に関する状況の変化が生じていること」を指摘したことを手がかりに、新たな策動が始まりました。

第１は、インターネット上の「差別的書き込み」や結婚問題を理由にして、「部落差別」がなお厳しく存在するという主張が登場していることです。第２は、「部落差別解消推進法」第６条（部落差別の実態に係る調査）に係わって、自治体で「人権意識調査」が盛んに実施され、住民の「差別意識」の存在と教育・啓発の必要性が強調されていることです。第３は、部落問題の解決が進み、「部落差別」に係わる特別の条例を必要としない事態に到達しているにもかかわらず、自治体で「部落差別条例」の策定が続いていることです。こうした条例は、同和対策の継続・復活や新たな人権侵害につながる可能性を有しています。

本書は、「部落差別解消推進法」の問題点の指摘にとどまらず、こうした新たな事態についての批判的な検討を目的として編集しました。

※本書では、「部落差別の解消の推進に関する法律」の略称を「部落差別解消推進法」に統一しました（但し、資料の中の略称はそのままにしています）。

目　次

第一部　「部落差別解消推進法」をめぐる動向

第二部　「部落差別解消推進法」をめぐる争点

第三部　「部落差別解消推進法」に係わる条例の検討

第一部　「部落差別解消推進法」をめぐる動向

第一章　「部落差別解消推進法」をめぐる動向

新井　直樹

一　「部落差別解消推進法」制定から3年、政府は「6条調査」に取り組む

1．全国地域人権運動総連合（全国人権連）の政府交渉

全国人権連は、２０１９年11月15日に政府各省と交渉を行い、法務省とも交渉しました。

「部落差別解消推進法」第６条は、国が主体となって「部落差別の実態に係る調査」に取り組むことを規定しています。法務省は、人権教育啓発センター専門委員会の提言（全国人権連など3運動団体からヒヤリングを行った）を受けて、①法務省の人権擁護機関が把握する差別事例の調査、②地方公共団体（教育委員会を含む）が把握する差別事例の調査、③インターネット上の部落差別の実態に係る調査、④一般国民に対する意識調査（「国民の人権に関する問題意識等を調査し、その結果を分析することで、今後の施策の参考とするため」、２０１９年８月中旬に１万人を対象とした『２０１９年度人権に関する意識調査』を実施。調査員が手渡し・回収する方法）の４項目に取り組みました。法務省は「４つの調査すべてを報告書に取りまとめた上で、できるだけ

早い時期に公表したい。時期については決めていない」と回答しています。

なお、部落解放同盟（「解同」）は、「調査結果が明らかになった段階で、自治体での調査についても取り組んでいくことが重要」（「解放新聞」２０１９年12月16日号）と主張しています。

全国人権連は、自治体が行う人権施策に関する市民の関心や、行政が市民の課題提起を把握するなどの「人権に関する意識調査」は容認できても、部落と差別を掘り起こし、部落差別や問題の固定化につながると「部落差別解消推進法」制定に反対してきた経緯からして、第６条規定以外の調査には反対します。

資料１　２０１８年12月14日法務省交渉の記録（総務課長答弁の一部抜粋）

６条調査ですが、参議院の附帯決議で「当該調査により、新たな差別を生むことがないように留意しつつ、それが真に部落差別の解消に資するものとなるよう、その内容、手続き等について慎重に検討すること」とされております。附帯決議というものは、われわれ役人にとって非常に重みのあるものであり、附帯決議は私たちの行動指針となっております。

公益財団法人センターが設置した有識者会議において、この６条調査については、２０１８年３月に検討の報告書が取りまとめられておりますが、その中で、法務省の人権擁護機関が把握する「差別事例の調査」、これはですね、法務局に部落差別を理由とした人権侵害の相談が寄せられておりますので、「どのような相談がきていますか」ということは、これはわれわれ内部の資料によって調査できる問題です。

次が地方公共団体及び教育委員会、学校の状況が教育委員会に上がってきます。これについて把握する差別事例の調査。同じように地方公共団体に寄せられた相談、あるいは教育委員会がいじめなどの問題を介して、部落問題だったろうと思われるものについて調査を実施しようと思っております。

次がインターネット上の部落差別の実態にかかわる調査。ご案内のように、インターネットにおもしろおかしく同和のことが書かれていて、インターネットというものは一旦書かれるとなかなか消えません。しかもコピー、コピーとどんどん拡散していって、とめどもないような状態になる懸念がある、そういう媒体です。その「インターネット上にどのような部落差別の書き込みがあるのかについて調査しなければならない」と言われております。

4番が一般国民の意識調査です。この4点について、今、調査の準備をしております。これが調査の内容です（5000万予算で取り組む）。

国の施策であり、公表するときがございます。公表したときに、「これは偏っているのではないか」とか、「不適切ではないか」というようなご指摘を受けないように、一生懸命に今、公平な、中立な立場からの問い立てになるように勉強して、省内で検討しております。また、問いによって差別を煽るということはあってはならないということは、われわれも重々承知しております。なのでこれはですね、ただ、結果を見なければ、結果を見て、ああ自分たちの考えとは違った方向にいってしまったということがあるかもしれなくて、百点満点の回答を提示できるかどうかは実は私も自信がないところです。ですが、船出をするにあたっては、そういった意識を高くもっている。そのようにしてわれわれは作業をさせていただいていることをこの場で回答したいと思います。

資料2　参議院法務委員会附帯決議（2016年12月8日）

国及び地方公共団体は、本法に基づく部落差別の解消に関する施策を実施するに当たり、地域社会の実情を踏まえつつ、次の事項について格段の配慮をすべきである。

一　部落差別のない社会の実現に向けては、部落差別を解消する必要性に対する国民の理解を深めるよう努めることはもとより、過去の民間運動団体の行き過ぎた言動等、部落差別の解消を阻害していた要因を踏まえ、これに対する対策を講ずることも併せて、総合的に施策を実施すること。

二　教育及び啓発を実施するに当たっては、当該教育及び啓発により新たな差別を生むことがないように留意しつつ、それが真に部落差別の解消に資するものとなるよう、その内容、手法等に配慮すること。

三　国は、部落差別の解消に関する施策の実施に資するための部落差別の実態に係る調査を実施するに当たっては、当該調査により新たな差別を生むことがないように留意しつつ、それが真に部落差別の解消に資するものとなるよう、その内容、手法等について慎重に検討すること。

2．同和問題に関する設問項目などと係わって

5年ごとに行われる内閣府「人権擁護に関する世論調査」で、「同和問題」が取り上げられることになったのは、２００３年からです。１９８７（昭和62）年に、「地域改善対策特定事業に係る国の財政上の特別措置に関する法律」（地対財特法）が施行され、その後数度にわたる法改正を経た後、２００２（平成14）年

に国策としての同和対策事業が終焉した翌年からです。

「同和問題に関し、どのような問題が起きているか」という設問がありますが、女性や高齢者などでは、「人権上問題があると思うのはどのようなことか」「人権を守るために必要なことはどのようなことだと思うか」という設問です。「障害者に関し、現在、どのような人権問題が起きていると思うか」という設問もあり、同和問題だけが「思う」内容を問われているわけではありませんが、施策の評価とは異なり、人々の「偏見の所在」「人権侵害の実際」を把握するには適切な設問ではありません。また「部落差別」などに関し、現在どのような人権問題が起きていると「思う」かという設問では、「結婚問題で周囲の反対を受けること」を挙げた人の割合が２００３年以降約40％をしめ、「最も高」い状態が続いています。

さらに、「部落差別解消推進法」が成立した翌年の調査では、「部落差別等の同和問題」へと設問表記が変更され、「部落差別が存在する理由」や「部落差別等の同和問題を解消するための方策」も問うています。

もとより、地域改善対策協議会「今後における地域改善対策について（意見具申）」（１９８６年12月11日）では、「これまで行政機関の姿勢や民間運動団体の行動形態等に起因する新しい諸問題は、同和問題に対する根強い批判を生み、同和問題の解決を困難にし、複雑にしている。これらの新しい諸問題は、同対審答申では全く触れられていないが、今後における同和問題の解決にとって、大きな障害であり、それらを克服することは同和問題の解決にとって極めて重要な課題である」と具体的に「今日的課題」を示しました。

今回の「調査」で、「意見具申」が指摘した項目は「えせ同和問題」以外はなく、その結果国民の側が「昔からある偏見や差別意識を、そのまま受け入れてしまう人が多いから」を挙げた人の割合が55・８％と最も高くなり、これが「部落差別が存在する理由」の大きな要因とされています。

全国人権連や自由同和会は、「現行の自治体等での『調査』等が内心に踏み込み意識改変を強要し、設問が、部落問題がいまも根強く残っているとの認識を前提に組み立てられていることから、誤解や新たな偏見を助長している」（人権連）「これまでのような『同和問題でどのような差別があると思いますか』との差別があることを前提にして、結婚問題とか就職問題に回答させるような、教育・啓発で学習した結果に誘導させるような設問は現状を見誤らせると言わざるを得ません」（自由同和会）と、設問項目の大幅な見直しを主張しています。

二　立法事実のない「法」と「条例」

衆議院・参議院法務委員会質疑で法案提案者は、なぜ法案を提案するのかという立法事実や法案の各条項について説得力ある説明ができませんでした。一方質問に立った日本共産党議員は、２００２年３月末に同和対策特別事業法を終結した根拠、つまり特別対策の継続は差別解消に有効ではないこと、人口移動が進み同和地区や関係者を特定することが困難になったことなどを政府側に答弁させました。かつ、対象地域及び住民を法的に固定化させるとして、自民党が恒久的対策の根拠となる「部落解放基本法」に反対した以前の経緯にもふれ、部落問題解決の到達点を無視した時代錯誤の法案であることを明らかにしました。

全国人権連などは、法案は、①永久法の体裁であり、②「部落差別」の定義がなく、③旧対象地区を掘りおこし対象住民を洗いだす「差別の実態調査」を規定し、④国や自治体に施策（教育啓発、相談の充実、国の差別の調査）を求めるなど、「部落差別の解消」どころか「差別や問題の固定化・永久化」になりかねないと批判を展開しました。

「部落差別解消推進法」は、目的に「現在もなお部落差別が存在するとともに、情報化の進展に伴って部落差別に関する状況の変化が生じている」と指摘していますが、特別対策から一般施策での取り組みに移行したもとで、ネット上の問題もこの法で対応すべきことを示したものなのか、十分な説明がなされず、提案者の議員は、丁寧《ていねい》な議論よりも強行採決を画策していました。

一方、「地域の実情」を枕詞に地方自治体でつくられてきた（つくられようとしている）条例にも必要とされる立法事実はあるのかという問題があります。

兵庫県尼崎市の「意識調査」報告（２０１９年3月）のなかでは、「現在、次のことについて部落差別（同和問題）があると思いますか」の設問で、選択肢に「就職について」「結婚について」をあげ、「就職」20・8％、「結婚」36・4％であったことから、「部落の人との結婚にかかわり忌避する意識がまだ根強くある」という結論を導き出し、条例が必要であるとしています。これは、実態の反映ではありません。

こうした「意識調査」の結果が、立法（条例）事実にあたるのかどうかということも踏まえ、条例制定の適正手続きに関わる問題、法と条例との関係などでたくさんの問題があります。

「部落差別解消推進法」が「情報化の進展に伴って部落差別に関する状況の変化が生じている」と指摘したことの根拠として、過去や現在の地名、人名情報がインターネット上に掲載されていることがあげられています。部落・同和地区という識別情報が差別の理由にならない状態を作り出してきたという社会の前進と関わって、これらの事例は、差別の「誘発助長」に大きな影響を与え人権侵害を生んでいるのか、「識別情報の摘示《てきし》」の判断や対応、行政によるインターネット上の監視モニタリングと称した特定の言辞・言論の排除を許していいのかどうかなど、国民の間で十分に議論することが民主主義の前進につながると考えます。ところが、こうした議論を抜きにして、行政が一方的に対応しています。

三　ネット上の問題についての法務省通知や動向

法務省は「インターネット上の同和地区に関する識別情報の摘示事案の立件及び処理について（依命通知）」（２０１８年12月27日）で、「不当な差別的取扱いをすることを助長誘発する目的があるか否かは問わず、インターネット上に特定の地域が同和地区である、またはあったと指摘する情報を流通することをもって識別情報の摘示の事実が認められれば原則として削除要請等の措置の対象とする」としました。また、「インターネット上の不当な差別的言動に係る事案の立件及び処理について（依命通知）」（２０１９年３月18日）では、個人のみならず「集団等が差別的言動の対象とされている場合であっても、①その集団等を構成する自然人の存在が認められ、かつ、②その集団等に属する者が精神的苦痛等を受けるなど具体的被害が生じている（又はそのおそれがある）と認められるのであれば，やはり救済を必要とする『特定の者』に対する差別的言動が行われていると評価すべきこととなる」としました。

２０１８年12月の通知では、「個別具体的事情」「個別の判断」が必要とされており、「表現の自由」とも関わって慎重な対応が求められます。「部落差別の歴史的本質」との記述もあり、２０１９年11月15日の交渉で通知の説明を求めました。

法務省は通知内容を述べるなかで、「もっとも特定の地域を同和地区であると指摘する書き込みでも、表現の自由の観点等から例外的に削除要請等の措置を講ずることが相当でない場合も考えられ、この例外に該当するかどうかにつきましては、個別に事案ごとに具体的事情を踏まえ慎重に判断している」と、一律削除の対応ではないこと、恣意性が働きかねないが慎重に検討すべき領域であることも明らかになりました。

全国人権連から、「ある市の意識調査で同和地区や出身者があたかも今日も存在するかのような問いをすることは、新たな差別をつくることになりかねず、省12月通知にも反する」と法務省見解を整理すべきであると要請しました。また「識別情報を摘示することとのその行為が、かつてと今でどれだけの差異、違法性が強い時代と弱くなった時代での受け止め方とか、部落の実態の変化も見ないで、同じ文言で捉えていることの危うさがある」「部落問題の歴史的変化や、いまの到達を示すこと」「ネット上の問題は、なんでも削除ではなく、自由言論市場の立場で国民が民主主義の力を蓄えていく方向でみるべき」と強く指摘しました。

インターネット上の情報流通にかかわり、「解放新聞」（２０１９年12月2日）の主張「ネット上の厳しい部落差別の特徴・傾向をふまえ実態を広く訴えていこう」では、「今日の部落差別事件の圧倒的多数は電子空間上で発生・発覚している。これらの差別事件へのとりくみを強化しない限り部落差別を撤廃することはできない」と、事象を「部落差別事件」ととらえ、「インターネット上の人権侵害情報対策法モデル案」の作成や「差別禁止法」制定の動きを加速させています。

学者・研究者の間でも、言論表現の自由とかかわって、特定の文言や特定の行為を規制の対象として行政が刑事罰を訴える（裁判）ことについて、様々な意見があります。特定の文言の使用に関わっては、「文脈」のなかで侮蔑《ぶべつ》・排斥《はいせき》なのか、人権侵害にあたるかを判断してきた経緯があり、ネット上でもかつての法務省通知は個別判断項目をあげて慎重な姿勢を示していました。今日の法務省通知は、対応原則と例外という書きぶりで「原則」にしか目がいかないような構成になっています。やはり、部落問題に関わる情報・用語などがどのような文脈の中で使われているのかの公正な判断が必要です。

2001年に施行された韓国の「国家人権委員会法」は、国内人権機関のあり方の原則を定めた「国家機構の地位に関する原則」（いわゆるパリ原則）に基づいた人権機関であり、国家の機関である「国家人権委員会」の組織設置法です。第2条は、国家人権委員会の役割について規定しています。人権とは、憲法と韓国が批准した国際人権条約・国際慣習法により人権として認められているものとし（第1項）、第4項で「平等権侵害の差別行為」として、性別、宗教、障害、年齢、社会的身分、出身地域などの18分野について、雇用やサービスや施設などの利用などにおいて特定の人を優待《ゆうたい》・排除《はいじょ》・区別し、並びに不利に取り扱う行為ならびに、セクシャルハラスメント行為を禁止しています。

自由権に関わる言論表現の領域ではなく、「平等権侵害の差別行為」にあたれば是正勧告を行います。こうした行政機関の「差別行為」対応の仕方は大いに参考にすべきことです。

四　自治体「条例」のあるべき議論とかかわって

1．条例づくり

本来、条例づくり（制定）は、○政策課題を解決して、市民が幸せに暮らせる社会を実現するための政策を企画立案し、○市民ニーズや現行制度、先行事例等を十分に調査して、○（時にはしりごみする）行政内部を説得し、○その政策によって影響を受ける（それゆえ強い反対活動を展開する）利害関係者を説得し、○市民の中に入って議論をしながら関心を盛り上げ、○何とかまとまった政策案を条例という形式にまとめ上げ、○それを法規担当者と相談しながら条例案文に練り上げ、同時に、議会・議員へ提案・説明をしながら、理解を得られるまで協議して、○そして、いよいよ条例案として議会の議決を得る、までを全体としています（松下啓一・相模女子大学教授）。

しかし同和行政の分野では、１９８５年からの「部落解放基本法」制定の世論形成と「部落解放基本法」が出来ない場合の自治体での同和利権温存を狙って、「部落差別撤廃条例」などの制定運動が「解同」によって展開されました。今日では、「解同」は理念法の「法律に魂を入れる」などと称して、「『部落差別解消に向けた条例』制定」などを策動していますが、かつての到達点の10％程度の成果です。

行政の適正手続きとかかわって、「条例」制定にはより慎重な対応が必要です。

２．インターネットのモニタリング※に関わって

「解同」兵庫県連「解放新聞」（２０１８年11月5日号）は、次のような主張（「部落差別解消推進条例・インターネットモニタリングを自治体に実現させよう」）を載せています。

「インターネット上では差別が拡散され、間違った情報が氾濫している。これを抑止する手段としてモニ

タリングが期待される。今年度から兵庫県が始めたが、県内で早くからおこなっているのが尼崎市である。きっかけは２００３年、尼崎市職員を実名で誹謗中傷するウェブサイトが立ち上げられるなどした事件だ。被害者が告訴したことによって警察が捜査し、発信者は同じ尼崎市職員であることがわかった（２００７年に罰金刑確定）。被害者は民事でも損害賠償裁判を提起し勝訴した。その教訓から尼崎市は、同市在住者の人権を守るために、インターネット上で同市に関係する人々への誹謗・中傷がないか監視し、発見すると削除要求している。

昨年１年間で１１７件の削除を要求し、96件が実際に削除された。部落差別解消推進法の施行もあり、削除の割合も向上している。インターネットモニタリングはネット上の人権侵害対策としては効果があり、県内でも実施している自治体が増えている。一度公開されると瞬時に拡散されることは変わらないが、削除されることで少なくとも注意喚起にはなる。ヘイトスピーチを載せているのはごく限られた人物で、あとはシェアや拡散をしていることが多いという調査もある。確信犯的な人物の書込みを監視・削除することで、悪質な書込みは減少させることができる。」

※モニタリング―インターネットを定期的に観察・記録し、情報を継続的に監視し続けること

「解同」は、ネット上の言論を「部落差別事件」と位置づけ、「部落地名総鑑」の拡散は差別を誘発助長させているとの認識で、全国的にモニタリングをやらせようと行政との交渉を進めています。その結果、右へ倣《なら》えで一斉に取り組みをはじめた地域もでてきました。

香川県では、県と全17市町・民間団体でつくる「県人権啓発推進会議」が２００３年６月から「監視」を

始めています。「朝日新聞」の報道によれば、県内の同和地区への言及があるスレッド（註：コンピュータ―のプログラムにおける実行単位）を少なくとも週2回はチェックし、①個人のプライバシーを侵害、②他人を誹謗中傷、③差別を助長する、といったおそれがある書き込みを見つけると、「監視」班内で協議し、掲示板の削除依頼方法に従って要請するというものです。具体的には、香川県内の同和地区名をあげたり、県内の同和地区について語るなかで、差別的な言葉や個人名を書いたりしているものが対象になるとされています。

埼玉県の状況については、「解放新聞」（2019年11月18日号）が報道しています。「解同」と県内市町村との第2回人権行政情報交換会で「人権意識調査」（同和問題の項目のなかに認知の時期や子どもの結婚相手などの設問がないので実施してほしいと要請）、「モニタリング事業」（ネットの人権侵害に対応しきれていない国を動かし、法制度化させるためにもモニタリングの積み重ねが重要と指摘）、「同和問題に関する教員アンケート調査」（すべての小学校・中学校の教員を対象に調査を実施）の3項目についての報告をもとに、参加市町村すべてが肯定的な対応をしています。

一方、差別・憎悪の扇動に関わるヘイトスピーチについて、川崎市の条例では「不当な差別的言動」として、①本邦外出身者が住む地域から退去させることを扇動し、又は告知するもの、②本邦外出身者の生命、身体、自由、名誉または財産に危害を加えることを扇動し、又は告知するもの、③本邦外出身者を人以外のものに例えるなど、著しく侮辱するものと例示しました。つまり、基本的には表現としての言論ではなく、行為を煽《あお》る言動を問題にしています。

「尼崎市は、同市在住者の人権を守るために、インターネット上で同市に関係する人々への誹謗・中傷がないか監視し、発見すると削除要求している」とあります。もとより、地方自治体が市民の自由な発信・意見表明を監視することは不要ですが、部落に関する地名・人名は原則削除、例外も検討を法務省が通知しているもとで、誹謗《ひぼう》・中傷などの事案に関わって、市民の提起をうけて自治体が相談・救済を受け付け、適切なアドバイスを行うこと、襲撃《しゅうげき》行為の告知や扇動などの削除依頼は市民とともに行うなど、対応基準を明確にし、しかも厳格に行うことが重要です。

モニタリングの基本的な在り方については、行政による市民の権利擁護を逸脱するような削除基準・行為を是正する働きかけが必要です。

（２０１９年12月16日記）

資料3　同和行政の復活と住民研修の永続化につながる「部落差別」条例にキッパリ反対を

―神崎郡内にお住まいのみなさんへ―

２０１９年11月　兵庫県地域人権運動連合／同西播地区協議会

法律や条例で対処すべき部落差別は存在していません

部落問題は、１９６５年に同和対策審議会答申が出された当時、「日本における深刻にして重大な社会問題の一つ」と言われてきました。１９６９年に同和対策事業特別措置法が制定・施行され、以来33年間にわたって16兆円もの対策事業が実施され、住環境、教育問題、就労や仕事などの格差は解消しました。同時に自由な結婚や社会的交流が進み、今では、「社会問題」としての部落問題は解決するに至っています。残された問題については、法律や条令によるのではなく、市民間の話し合いによって解決できる時代を迎えています。

ところが、この実態を無視して２０１６年12月に「部落差別の解消の推進に関する法律」（「部落差別解消法」）が議員立法として制定されました。この法律は「部落差別」を冠する法律でありながら、「部落差別」についての定義がありません。法律の運用にあたって「こじつけ」や濫用の危険があります。その上、部落差別をいつまでも引きずる永久法です。まさに欠陥法です。このため、法律の制定に際して「同和行政の復活」や特定運動団体の暴走を抑止するために、参議院法務委員会で「附帯決議」が行われました。その附帯決議には「…過去の民間運動団体の行き過ぎた言動等、部落差別の解消を阻害していた要因を踏まえ、これに対する対策を講ずること」や「教育・啓発」および「調査」などにより「新たな差別を生むことがないように」と留意点が付けられています。

町民は差別者ではありません

「部落差別解消法」は事業法や規制（罰則）法ではなく、「理念法」です。このことから、部落解放同盟（「解同」）などは、同和対策と利権を復活させるために、市や町に対して予算が伴う「部落差別」条例を制定させる動きを活発化させています。

地方自治体での「条例」は、法律と同じく町民に対して拘束義務を発生させます。町民を差別者か部落差別に対する未理解者として扱い、住民学習が義務のように押し付けられます。こんなことでは、部落（差別）問題はいつまでも解決しません。

現在、県下ではたつの市と加東市で「部落差別」条例が制定強行されました。それらの条例には、「部落差別をなくするための施策」を検討する「審議会」を設定する規定があります。その「審議会」には「解同」委員が指定席を与えられて就任し、施策等の決定・実施に影響力を行使する構図が仕掛けられています。

神河町でも、福崎町でも、市川町でも、このような部落差別を永続化させる条例には断固とした反対の声を上げましょう。

「条例」制定を目的にした、講演会が意味するもの

神崎郡人権問題対策協議会は、部落解放同盟県連委員長を招いて講演会を計画しています。この講演会は、神崎郡各町に「部落差別」条例制定への動きを加速させるためのものです。

神崎郡内には、条例を作るべき部落差別の事実や実態があるというのでしょうか。町民は、これまでの50年間以上にわたって、部落問題解決のために、様ざまな協力を惜しみませんでした。部落差別を永続化させる条例などの制定ではなく、町や議会は、すべての町民に対して「このようになれば部落問題は解決した」という指標を出し、今日の問題解決の到達点を明らかにすることこそ求められているのではないでしょうか。

神崎郡内3町には「部落差別」条例など要りませんとの声を上げてください。

姫路開催地域人権問題全国研究集会で「部落差別」条例反対を意思統一

私たち人権連は、過日10月18日～19日、第15回地域人権問題全国研究集会を姫路市内で開催しました。全体集会・分科会には８５０人が集い大成功をおさめました。西播地方からも多数のみなさんが参加されました。

集会では、「部落差別」条例は部落問題の解決にとって有害無益、障害物でしかないとの認識を共有しました。

神崎郡内のみなさん！

町民の対立と分断をつくるだけの「部落差別」条例の制定にきっぱり反対してください。そして、町長さんやお知り合いの議員さんに対して、拙速な議会採択に走らないよう働きかけてください。

第二部　「部落差別解消推進法」をめぐる争点

第二章　「部落差別解消推進法」の部落問題認識
―「結婚差別」を考える―

奥山　峰夫

はじめに

２０１６年12月に成立した「部落差別の解消の推進に関する法律」は、「解消」すべき「部落差別」とは何なのかの定義をしないまま、「部落差別」に関する相談体制の充実、教育・啓発などを行うとする法律です。

２０１６年10月28日の衆議院法務委員会会議録によると、「法案」の提案者である議員は、「部落差別が今もなおまだ存在している認識」をもち、「意見交換の場を設けまして、いろいろ伺いましたら、いまだに結婚差別の問題、就職差別の問題、地域における教育格差、そして貧困の問題等」を聞き、「改めて、現在も部落差別が存在するという実態を肌で感じた」と説明しています。しかし、それに関して具体的事実を何ら示すこともなく、「部落差別が今も現存していて、それは解決に至っていない」と断定しているのです。

この現状認識と共通すると考えられるのが、斎藤直子『結婚差別の社会学』（勁草書房、２０１７年）という書物です。

この本では、結婚差別の事例が縷々《るる》あげられています。結婚差別についていえば、地方自治体の調査でみても、部落と部落外の人の結婚にあたり、反対を受けたケースは、今日では少数派になっています（杉之原寿一『部落問題解決の到達段階』部落問題研究所、１９９３年）。斎藤氏は、多数のケースを見ないで、限られた少数のケースだけを取り上げています。同時に、反対即ち「部落差別」とはならず、反対があったとしても婚姻が成立すれば「差別」は成立しません。

結婚差別の問題については、兵庫部落問題研究所編・刊『私たちの結婚―部落差別を乗り越えて―』（１９７６年）という先行的な業績があり、「部落」の垣根をこえて結婚した事例が集められています。

また、北原泰作氏（岐阜県出身、水平社初期からの活動家。戦後は、同和対策審議会の委員を務めた）が、「結婚にからまる差別事件が頻発《ひんぱつ》するのも、通婚への一歩前進なのです。…部落民が閉鎖社会に閉じこもっている間は結婚問題や恋愛問題にからむ差別事件すらめったに起こらなかった」（『部落解放の路線』部落問題研究所、１９７５年）と述べています。こういう指摘をどう受けとめるのでしょうか。

全体の流れがどうなっているかを歴史的に見ず、個別のケースのみをとりあげ、「差別がある」ことを強調する論は、まさに「木を見て森を見ず」の議論と言わざるを得ません。たとえて言えば、東京都墨田区の相撲部屋の所在する地区の住民の体重を計って、「このあたりには過体重の人が多い」と言うようなものです。つまり、調査対象の選定に顕著な偏りがあるということです。

そもそも「結婚差別」は、どうとらえられてきたのでしょうか。部落解放・人権研究所編・刊『部落問題・人権事典』（２００１年）では、①「男女の婚約もしくは結婚に際して、相手方の学歴、家柄、社会的地位、障害の有無、民族の違い等によって、反対もしくは解消したりする行為をいう」、②「結婚した後にも反対し妨害して、その関係を破綻に追いやる場合もある」としています。

「部落差別」が典型的に存在していた戦前の社会で、「部落差別」撤廃のために取り組んでいた全国水平社の第10回全国大会（1931年12月）の文書「運動方針に関する件（草案）」（部落問題研究所編・刊『水平運動史の研究』第四巻）を見ると、当時の部落住民が受けていた社会的処遇、つまり「部落差別」について整理しています。そこには「結婚上の差別」として、「『一般民』との恋愛関係になって夫婦約束成立したる時、いろいろと家庭的悲劇が惹起されること。ほか」とあります。

まとめていえば、①当事者間で結婚についての合意があるにもかかわらず、「部落」であることを理由として婚姻が不成立に終わること、そして、②その延長線上の問題として、婚姻が成立した後も種々の圧力を加えられるということでしょう。これを「結婚差別」ととらえることができます。

一　戦前の場合

前近代社会においては、身分を越えた婚姻は処罰の対象でした。「穢多・百姓婚姻に付き評定所申渡」（「御仕置例類集」『部落史史料選集』第二巻、部落問題研究所編・刊）という文書によれば、18世紀末、現在の大阪市東淀川区の百姓・幸七は、現在の京都府綾部市出身の穢多身分のきちと結婚。きちは、幸七を通して身内のものを百姓・町家へ奉公させました。今日的にみれば、しっかりした女性だということでしょうが、これは身分をこえた結婚であり、その上、百姓・町家に奉公させたのはけしからんということで処罰の対象になっています。

明治維新の後、1871（明治4）年8月28日「穢多非人等之称被廃候條自今身分職業共平民同様タルヘキ事」という「太政官布告」（いわゆる「解放令」）が出されました。しかしこの後、1902（明治35）年の広島控訴院（現・広島高等裁判所）の判決を見ると、「部落」であることを隠していたことを理由に離婚を認めています。これは、中国山地に位置する旧・北房町（岡山県）の男性が、軍隊に入り、広島で下宿先の女性と結婚したものの、後で「部落」出身者であることが判明し、妻より離婚を申し立てられました。広島地裁は妻の離婚請求を認め、男性側が控訴院に控訴しました。

これについての広島控訴院の判決は、「控訴人（男性）が旧穢多の家に生まれたるものなることを知悉せしならば…結婚せざるべかりしものと推定すべく」という理由で、離婚を認めました。本来、裁判所は法律にもとづいて判断すべきにもかかわらず、「解放令」後も一般の人たちが部落の人と結婚するのを嫌がっているからという理由で離婚を認めたのです。興味深いことに、広島控訴院判決が掲載された『法律新聞』（130号）の次号（131号）に、「平等道人」という名前で、法律の専門家と思われる人が、控訴院判決を批判しています。ただ、このような状況から言えるのは、国民の多くは古い身分的意識にとらわれていたことは間違いないということです。

次に、1933（昭和8）年に起こった高松地方裁判所差別裁判事件です。当時、1988年に瀬戸大橋がかかるまで、岡山県と香川県の間に連絡船が行き来していました。高松の「部落」の青年が、その船の中で女性と仲良くなり、高松で同棲していました。これを女性の父親が探しだし、「結婚誘拐」で男性を訴えました。「結婚誘拐」については、刑法第225条に「営利、わいせつ、結婚又は生命若しくは身体に対する加害の目的で、人を略取し、又は誘拐した者は、一年以上十年以下の懲役に処する」となっています。

高松差別裁判事件では、「特種部落の出身にして…実状を告ぐるに於いては、到底同女の意を動かし難きを慮し、ことさら之を秘し」たとしています（予審終結決定書）。要するに、「部落」であることを告げなかったことが「結婚誘拐」の成立要件になるとしました。予審というのは、予審判事が裁判にかけるかどうかを判断する仕組みですが（戦後の司法制度改革でなくなりました）、高松地方裁判所は「結婚誘拐」を認め、部落の青年に有罪判決を下したのです。

これに対して全国水平社は、「差別裁判糺弾」「さもなくば『解放令』を取り消せ」と即時釈放を求め全国運動を展開しました。その結果、刑期に満たないうちに2人の青年は釈放されました。戦前の部落解放運動の中でピークを示したとされる事件であることはよく知られている通りです。これについて、著名な法学者平野義太郎氏が書いた判決批判が、全国水平社の「差別裁判糺弾闘争ニュース」に載っています。

1921（大正10）年の段階の婚姻について、当時の内務省社会局（今で言えば、総務省）の調査を見ると、「部落民間の婚姻」が96・5％、「普通民との婚姻」が3・5％となっており、圧倒的多数が部落住民同士の結婚となっています（『部落改善の概況』1922年）。

旧民法第772条は、「子が婚姻を為すには其家にある父母の同意を得ることを要す」（原文・カタカナ）となっていました。旧民法下の婚姻届の様式をみると、双方の戸主、父母の同意欄があり、同意がないと正式な法律婚としては成立しないことになっています。それ故、結婚差別を発生させる社会的な構造・仕組みが存在していたということができます。

二　戦後の場合

戦後、日本国憲法が成立し、事態は大きく変化しました。日本国憲法第24条は「婚姻は、両性の合意のみに基いて成立」するとし、第二項で「婚姻及び家族に関するその他の事項に関しては、法律は、個人の尊厳と両性の本質的平等に立脚して、制定されなければならない」としました。もとより、これが実体化するには時間を要します。これを受けて民法（家族法・親族法）が改正されました。

したがって、婚姻届に親の同意欄はなくなります。

ところが、戦後になっても、広島県・福山市で福山結婚差別事件が起きています。部落の青年が部落外の女性と結婚したことについて、「結婚誘拐《ゆうかい》」罪で有罪判決を受けました。これは最終的には、広島高裁で無罪となりました。

さらに、南沢恵美子事件があります。これは、横浜高島屋に勤務していた長野県出身の南沢さんが、愛媛県出身で関東学院大学の学生だった男性と交際し、結婚するため愛媛県の新居浜市に転居しました。すると、親が身元調査をして、南沢さんが部落出身であることが判明すると、よってたかっていじめ、ついに彼女は自殺をしてしまいます。

これについては、東上高志編『わたしゃ　それでも　生きてきた』（部落問題研究所、１９６５年）の中に、彼女が自殺に至るまでの親に宛てた手紙や遺書が収録されています。今読んでも、涙なくしては読めません。

後に南沢さんの両親が、相手の男性と両親に対して損害賠償請求を起こし、それが長野地裁で認められています（1965年3月2日、長野地裁上田支部判決）。その後も、身元調査にもとづく婚約破棄事件があり、これらについても損害賠償の判決が何件かあります。

同和対策審議会「答申」（1965年8月）をみると、「家族と婚姻」のところに、「結婚に際しての差別は、部落差別の最後の越え難い壁である」と書かれています。

1963（昭和38）年の調査では、夫婦とも同和地区80・1％、地区外との通婚11・8％、夫婦とも地区外8・1％となっており、1920（大正9）年より地区外結婚は増えてはいますが、大多数が部落間の結婚となっています。

1985年の総務庁「全国調査」では、夫婦とも同和地区65・6％、地区外との通婚30・3％、夫婦とも地区外4・0％というふうに、地区外との通婚が増えています。さらに1993年の総務庁「全国調査」では、夫婦とも同和地区57・5％、地区外との通婚36・6％、夫婦とも地区外5・9％ですが、この地区外36・6％の中身をみると、夫の年齢が29歳以下の場合、70％あまりが部落外の人との結婚になっています。

こういうデータからは、「部落」をこえた結婚が増大し、「部落」ということにこだわらないという事態が進行していることがみてとれます。

国立社会保障・人口問題研究所の、結婚についての調査（『平成14年わが国夫婦の結婚過程と出生力―第12回出生動向基本調査』）があります。これをみると自律婚（「恋愛結婚」）と誰かの世話による他律婚（「見合い結婚」）の比率が、1965（昭和40）年から1969（昭和44）年の間に逆転し、自律婚が他律婚を上回ってきています。

2017年9月末まで放送されたNHK朝ドラ「ひよっこ」は、東京オリンピック（1964年）の頃、茨城県北部の田舎から出てきた主人公が、東京で知り合った男性と結婚します。また、2005年に「ALWAYS　三丁目の夕日」という映画が制作されましたが、これは東京タワーが出来た1958（昭和33）年当時の話で、集団就職で青森から東京に出てきた女性が登場します。

このように高度経済成長のもと、人々が移動する頻度《ひんど》が高くなり、一方で農山村における過疎、都市における過密がおこりますが、その中でいろいろな人と出合い、交流するようになります。こういう社会の大きな流れの中で、部落の人の場合も当然、部落外の人と知り合い、結婚するケースが増えていきます。こういうことをふまえるならば、斎藤直子さんの本は「木を見て森を見ない」という典型ではないかと思います。

おわりに

今後も「部落差別はある」と言い続ける人はなくならないと思われます。たとえばかつて、自分は南朝の天皇の子孫だと言い張る人が何人もいました。いつの時代になっても世の中にはいろんな人がいて、部落についてこだわりを持つ人は当分の間なくならないと思われます。大切なことは、それが周囲に大きな影響を及ぼさないように世の中が熟成することです。

第三章　インターネット上の差別表現と法的規制

杉島　幸生

はじめに

「部落差別の解消の推進に関する法律」（以下、「部落差別解消推進法」）の制定をめぐる国会論議では、インターネット上における「部落」への差別的表現の広がりが立法事実としてあげられていました。こうした差別的表現がネット空間に多く存在していることは事実であり、それを見た者が法的な規制が必要ではないかと考えるのは自然なことです。

しかし、「部落差別解消推進法」には、差別的表現に対する規制は含まれてはいません。この点で、「部落差別解消推進法」は、立法事実との関連性をもたない欠陥法との批判があてはまります。

では、差別的表現に対する規制を設ければいいのかというと、ことはそう簡単ではありません。というのは、そうした規制は、憲法の保障する表現の自由との間でするどい緊張関係を生じさせるとともに、そもそも部落差別の解消につながらないのではないかという疑問も指摘されているからです。

そこで本章では、後者の問題も念頭におきつつ、おもに表現の自由の観点から、インターネット上の差別的表現への法的規制（とりわけ刑事罰）の是非について考えてみます。

一　表現規制をめぐる二つの考え方

「表現の自由」に関する伝統的な考え方は、「表現の自由」には他の人権に比して優越的な地位が認められるべきであり、その法的な規制は、当該表現を放置すれば、近い将来、実質的な害悪を引き起こす蓋然性《がいぜん》が明白であり、その実質的害悪が重大であり、かつ、当該規制が害悪を避けるのに必要不可欠であることが必要であるとするものです（これを「明白かつ現在の危機の法理」という）。

また、禁止される表現と許される表現が明確に区分できなければ、周辺領域における表現活動は萎縮《いしゅく》せざるをえないことから、法律の適用範囲が過度に広範にわたるものではないことが求められます（これを「過度に広範故に無効の法理」という）。

これは、表現の自由が表現者の思想や人格形成にとって重要（自己実現）であるというだけではなく、様々な意見をたたかわせることを通じて、よりよき多数意見を形成するという民主主義社会のための基盤である（自己統治）という考え方を背景としています。

この伝統的な考え方によれば、差別的な表現に対しても原則として社会的な対抗言論をもって対峙すべきであり（これを「言論の自由市場論」という）、その規制は、先に述べた2つのハードル（「明白かつ現在の危機の法理」「過度に広範故に無効の法理」）をクリアしない限り許されません。

　こうした伝統的な考え方に対して、近年差別的表現は、多数者から少数者に向けられるという性質上、加害者と被害者との間に立場の互換性がなく、少数者からの有効な反論は困難であって「言論の自由市場論」は成立せず、しかも差別的表現が民主主義の発展に資するものでないことからすれば、優越的地位を認める理由がないとする考え方が提唱されています。これは、差別的表現の法規制を広く認めるべきであるとする立場です。

　どちらの立場をとるべきなのかは、その論者の世界観によるとしかいいようがありません。

　しかし、後者の考え方は、国家権力が特定の表現内容に着目して、「価値ある言論」と「価値なき言論」の腑《ふ》分けをすることを前提としています。過去の歴史を振り返れば、国家権力が一定の思想・表現を反社会的（価値なき言論）と決めつけて抑圧するということがしばしば行われてきました。

　「言論の自由市場」という考え方は、そうした歴史の反省のうえにたっています。明白かつ現在の危機の法理、漠然《ばくぜん》性故に無効の法理という一見、形式的とも思える判断枠組みへのこだわりは、表現内容の是非に立ち入ることなく、表現活動と他者の人権との調整を図るための歴史の知恵です。国家権力の恣意的な行使の可能性が否定できない以上、そうそう簡単に「言論の自由市場」の例外を認めるべきではありません。

二　規制されるべき表現とはどのようなものか

表現の自由について伝統的解釈をとる立場であっても、当然ながらあらゆる表現行為が許容されるわけではありません。例えば、ある表現が特定の個人や団体に対する名誉毀損《めいよきそん》罪や侮辱《ぶじょく》罪を構成するような場合や、表現にともなう具体的な行為が威力《いりょく》業務妨害罪などの他の犯罪に該当する場合に、これを処罰することができるのは当然のことです。それはインターネット上の表現にもあてはまります。

この場合、被害者は加害者の刑事処罰を求め、民事上の損害賠償《そんがいばいしょう》を請求しうることになります。また一定の要件のもとで、当該サイトを運営するプロバイダに、問題表現の削除や投稿者に関する情報の開示を要請することもできます（プロバイダ責任制限法）。こうした手続は、被害者にとっては迂遠《うえん》なものではありますが、表現の自由に対する規制はそれほどの慎重さが求められるのです。

一部に誤解があるようですが、伝統的な考え方の論者らは、差別的表現にも保護すべき価値があるから規制に慎重であるべきだと考えているわけではありません。繰り返しになりますが、伝統的な考え方は、国家権力が「価値ある言論」と「価値なき言論」を腑分けすることの危険性に着目するがゆえに、差別的表現についても、まずはこれまで積み重ねられてきた表現に対する規制の枠組みの適用を検討し、その適用が困難なものに対しては原則として対抗言論をもって臨むべきであり、新たな法規制は、先の2つのハードルをクリアしなければならないとするのです。

三　差別を助長する表現について

それでは、「部落の人間はウソつきばかりだ」「○○町は部落だから近づくな」「部落の人間とは結婚しないほうがいい」などのように、特定の個人や団体を対象とはせずに、部落差別を助長するような表現についてはどう考えればいいのでしょうか。今のところ、こうした特定の個人・団体に向けられたものではない表現を処罰する法律は存在していません。

「言論の自由市場論」をとる伝統的な考え方からは、こうした表現は好ましくないものではあっても、それにより重大な害悪が発生する蓋然性が明らかであり、かつ、害悪の発生が差し迫っているという「明白かつ現在の危機」がない限り法的に規制することはできず、言論で対抗すべきこととなります（もっとも、この立場からも極めて例外的な場合にはそうした危険性を認めることは可能です）。

これに対して、「言論の自由市場論」をとる伝統的な考え方に批判的な立場からは、集団的名誉毀損《めいよきそん》罪、集団的侮辱《ぶじょく》罪を創設すべきであるという提案がなされています。この立場は、差別的表現は、加害者と被害者の立場に互換性・対等性がなく、少数者である被害者にとって言論で対応することは困難である、あるいは「部落の人間はウソつきばかりだ」という言論に対して、「ウソつきではない人もいる」という言論を対置しても無意味なのであるから、差別的表現に「言論の自由市場論」はあてはまらないとするものです。

しかし、本当にそうなのでしょうか。インターネットは、少数者であっても、多数者と同様の情報発信力を持ちえることを特徴としています。社会的には少数者であっても、対等の立場で論戦を行うことも可能なのです。

また、差別的表現に対する対抗言論は、差別的表現を行う者に対して、「かつて部落とよばれた地域に住む人間の中にもウソつきでない人間もいる」ことを納得させることを目的とするのではなく、そうしたやり取りをみる不特定多数の者に対して、差別的表現の不当性を訴えて共感を求め、差別的表現を行うものに対する社会的な批判を集めることを目的としてなされます。こうしてみれば、ネット空間こそ「言論の自由市場論」が最もよくあてはまります。

また、批判的立場の論者は、インターネット上において差別助長的な表現が広がっているということを所与の前提としているようですが、これを額面《がくめん》どおりに受けいれることはできません。なるほど、インターネット上の一部のサイトでは、ひどい差別助長的な表現が執拗《しつよう》に繰り返されていることを確認することができます。しかし、それはインターネット上の膨大《ぼうだい》な言説から「部落」「同和」などのワードで検索をかけた結果のことであるにすぎません。

あるテーマについて似通った意見をもつ人間が集まったサイトでは、それぞれが互いに共鳴しあい、その意見が極論へと増幅し、尖鋭《せんえい》化していくという現象（集団成極化）の存在は広く知られています。

こうしたサイトの存在をもって、市民社会に「部落」を差別する意識が広がっていると言うことはできません。そのことは、「部落」とはまったく無関係なテーマのサイトで、突然部落差別を助長するような表現がなされたり、ネット空間外のリアル社会で公然と「部落」を差別する表現がなされたりするようなことをほとんど見かけなくなっていることからも裏付けられるのではないでしょうか。

部落問題は解消の過程にあるのであって、インターネット上における差別的表現が、部落差別を拡大しているということは、決して立証された事実とはいえません。また一見すれば「部落」に対する偏見や悪意があると思われる表現についても、よく読んでみれば、一部の同和団体による利権あさりや暴力的糾弾に対する批判や不満が背景にあるのではないかと思われるものも多く見受けられます。もちろん、そうした背景があるとはいえ、それを「部落」全体に対する偏見と結びつけて論じることは、非理性的であり望ましいことではありません。

しかし、こうした未熟な表現を権力的に抑制したとしても、その偏見はなくならず、かえって差別的意識を潜在化・陰湿化させ、あらたな差別意識を作り出すことにもなりかねないのであって、それは部落問題の解決にとっても決して歓迎すべきことではありません。

こうした表現については、一部同和団体による利権あさりや暴力的糾弾に対する批判とともに、それを「部落」全体に結びつけることの誤りに自ら気づいてもらえるよう、ねばりづよく働きかけ続けることで対応すべきなのです。

またインターネット上では、部落問題に対する無知や偏見にもとづく発言に対して、それを助長するコメントがなされるとともに、そうした考え方を批判するコメントが交互に重ねられるという場面に遭遇《そうぐう》することも少なくありません。こうしたやり取りの存在は、インターネット上において言論の自由市場が成立しうることを示しています。そのなかに差別を助長しかねない表現が含まれているからといって、その全体を禁止しなければならない理由はありません。

四　「部落地名情報」の開示をどう考えるのか

インターネット上での差別的表現の規制を広く求める立場から、「被差別部落の所在地」（部落地名情報）などを「差別情報」ととらえ、こうした「差別情報」をネットワーク上で流す行為のもたらす被害は、取り返しのつかない深刻なものがあるとして、刑事処罰を科してでも効果的な抑止手段を設けるべきだと言われることがあります。

しかし、「部落地名情報」は、あくまで歴史的な事実であるにすぎず、それ自体が「差別性」を有しているわけではありません。「部落地名情報」＝「差別情報」と概念化されるのであれば、例えば、ある特定の旧同和地域の歴史的な変遷を追い、部落差別が大幅に解消してきたことを論じることや、ある地域における乱脈な「同和行政」の是正を求めることなども、「部落地名情報」が記載されているから違法だということになりかねません。

また、かつてある同和団体は、「同和地区出身者」に「部落民」宣言をさせるという運動をしていました。多くの場合、こうした宣言は「部落地名情報」の開示を伴うこととなります。おそらく「部落地名情報」の開示を犯罪として処罰すべきであるとする論者も、インターネット上での、こうした表現までを処罰の対象とすべきだと考えているのではないと思われます。

しかし、そうであるとすれば、処罰すべき「部落地名情報」の開示と、処罰すべきではない開示とを区別する基準が明らかにされなくてはなりませんが、それは極めて困難です。仮に「差別的意図の有無」という主観的要素を判断基準に組み入れるのであれば、その運用は恣意的にならざるをえず、強い萎縮《いしゅく》効果をもたらすことになります。それは、部落問題についての自由な意見交換の可能性を否定することにもつながっていきます。

これらの論者は、インターネット上で「全国部落調査（復刻版）」なるものが公開された事件を念頭においているのだと思われます。

しかし、こうした事案への対応としては、強い萎縮効果を伴う刑事手続ではなく、公表された情報の内容、公表の方法、過去の経緯、被害発生の蓋然性、その程度などについて個別的具体的な検討がなされうる民事手続上の差止請求や損害賠償請求のほうが妥当な解決を図れるのではないでしょうか。まずは、そのことが検討されるべきです。

五　「差別的表現」を処罰することの危険性

集団的名誉毀損罪、集団的侮辱罪の新設や、部落地名情報の提供を犯罪化することは、一見部落差別の拡大を防止するために効果的であるかのようです。しかし、刑事的処罰は一種の劇薬であり、犯罪化すべき表現とそれ以外の表現との境界が曖昧《あいまい》では、表現行為に重大な萎縮効果が生じることになります。インターネット上でなされる「差別的表現」の多くは、無知や偏見にもとづくものであって、これらの表現を権力的にネット空間から排除しても、そうした無知や偏見は永久に解消せず、かえって差別意識を潜在化・陰湿化させていくこととなります。

また「差別的表現」を犯罪化することは、インターネット上での表現活動に対する国家権力の介入を前提とすることになります。それは警察が、24時間・３６５日にわたりインターネットを監視して問題となりうる表現をチェックし、問題表現があればプロバイダに発信者の情報提供を求めることを許すということになります。

そうしたことになれば、後難をおそれたプロバイダが、「同和」「部落」などのワードの入った発信を「自主的」に排除するということにもなりかねません。それは、インターネット上における部落問題についての自由な意見交換を通じて無知や偏見を克服していく可能性を否定することになります。

さらには、特定の個人や団体に向けられたものではない表現についても部落差別につながるということで犯罪化し、仮に「差別的意図の有無」をその判断基準とすることになれば、一部同和団体が今もって主張している「糾弾権」に社会的な根拠を与えることになりかねません。こうして考えてみれば、インターネット上の差別表現を犯罪として処罰することは極めて危険なことなのです。

おわりに

多くの論者が指摘しているように、現在の日本社会において部落問題はすでに解消の過程に入っています。無知や偏見からときに差別的な表現がなされることがあったとしても、それは市民的な相互批判によって解決が図られるべきであり、解決できることでもあります。

そのことはインターネット上の表現についてもかわるところはありません。一部に悪意ある表現がなされることがあるからといって、インターネットにおける自由な意見交換の可能性を否定することは、決して部落問題の解決に資するものではありません。私たちは、インターネット上でのショッキングな表現に目を奪われて、そのことを忘れてはならないと思います。

冒頭で述べたように、「部落差別解消推進法」は、インターネット上での差別的表現の広がりをその立法事実として掲げていました。しかし、インターネット上で差別的表現が広がっているからといって、それが社会的な差別意識の広がりを示すものではありません。

また、「部落差別解消推進法」には、インターネット上の差別的表現を規制する条項はなく、その他の方法での対抗策を示すこともしていません。とすれば、「部落差別解消推進法」には立法事実が存在しないか、みずからが掲げる立法事実との関連性を有していないということにならざるをえません。

かといってインターネット上での差別的表現を厳しく規制する条項を設けることは、表現の自由の観点から避けるべきですし、かえって差別的意識を潜在化・陰湿化させ、あらたな差別意識を作り出すことにもなりかねず、これでは「部落差別の解消」という法の目的と反する事態を生みだすことになります。

「部落差別解消推進法」は、その存在意義をあらためて問い直されなければなりません。

第四章　住民の「人権意識」と教育・啓発

梅田　修

一　部落差別解消のための教育・啓発

「部落差別の解消の推進に関する法律」（２０１６年、以下「部落差別解消推進法」）の第５条（教育及び啓発）は、「国は、部落差別を解消するため、必要な教育及び啓発を行うものとする。２　地方公共団体は、国との適切な役割分担を踏まえて、その地域の実情に応じ、部落差別を解消するため、必要な教育及び啓発を行うよう努めるものとする。」となっています。つまり、「部落差別を解消するため」の教育・啓発の必要性をあらためて強調した条文です。しかし、これは教育・啓発をめぐる到達点を無視した内容です。

1．すでに人権教育・人権啓発に転換しています

政府関係機関として、はじめて人権教育・人権啓発を提起したのは、地域改善対策協議会「同和問題の早期解決に向けた今後の方策の基本的な在り方について（意見具申）」（１９９６年5月17日、以下「意見具

申」）です。「意見具申」は、①「これまでの特別対策については、おおむねその目的を達成できる状況になったこと」から特別対策を終結し、残された課題は「工夫を一般対策に加えつつ対応する」ということ、②「同和問題に関する国民の差別意識は解消へ向けて進んでいるものの依然として根深く存在しており、その解消に向けた教育及び啓発は引き続き積極的に推進していかなければならない」ことを提起しました。

これは、「実態的差別」は基本的には解消したので、今後は「差別意識」に対応する教育・啓発が基本であるという認識を示したものです。そして、これをふまえて「今後、差別意識の解消を図るに当たっては、これまでの同和教育や啓発活動の中で積み上げられてきた成果とこれまでの手法への評価を踏まえ、すべての人の基本的人権を尊重していくための人権教育、人権啓発として発展的に再構築すべきと考えられる」として、人権教育・人権啓発を提起したのです。

つまり、部落問題を対象とした同和教育・同和啓発に特化せず、「すべての人の基本的人権を尊重していくための人権教育・人権啓発」に再構築することを指摘したものです。この提起にかかわっては、重大な問題点がありますが（後述）、人権教育・人権啓発の内容を部落問題に特化すべきではないと指摘した点は、一定の前進です。この提起以降、国・地方自治体の施策は、同和教育・同和啓発ではなく、人権教育・人権啓発として推進されていきました。

2. 人権教育・人権啓発に関する法律は、すでに存在しています

「意見具申」が提起した人権教育・啓発の在り方を本格的に議論したのが、人権擁護推進審議会（1997年5月27日発足）です。この審議会は、2年間の議論を経て1999年7月29日に「答申」を発表しまし

た。審議会では、「答申」の内容を法律にする必要はないこと（財政的措置で対応できる）が確認されましたが、政党レベルの議論になり、最終的には「人権教育及び人権啓発の推進に関する法律」が成立しました（２０００年11月29日、以下「人権教育・啓発推進法」）。この法律の第４条・５条は次のようになっています。

「第４条　国は、前条に定める人権教育及び人権啓発の基本理念にのっとり、人権教育及び人権啓発に関する施策を策定し、及び実施する責務を有する。」（国の責務）

「第５条　地方公共団体は、基本理念にのっとり、国との連携を図りつつ、その地域の実情を踏まえ、人権教育及び人権啓発に関する施策を策定し、及び実施する責務を有する。」（地方公共団体の責務）

その後国・地方自治体は、この「人権教育・啓発推進法」にもとづいて人権教育・啓発を推進していきました。もちろん、この中には部落問題に関する教育・啓発も含まれています。

では、こうした法律とは別に、あらためて「部落差別を解消するため」の教育・啓発を強調する法律が必要なのでしょうか。「部落差別を解消するため」の教育・啓発には根拠となる法律が必要だと考えたとしても、「人権教育・啓発推進法」をもちだせば済むことです。

いや「人権教育・啓発推進法」では対応できない、「部落差別を解消するため」の教育・啓発を明示した法律が必要だというのであれば、その根拠は何なのでしょうか。「人権教育・啓発推進法」（２０００年）以降、部落差別が一層深刻化したということでしょうか。仮に深刻化した事例として検討するとすれば、インターネット上の悪質な書き込み問題です。これは、「部落差別解消推進法案」提案の理由にもされました。しかし、書き込みのほとんどは誰が書いたかわからないものですから、「こうしたサイトの存在をもって、市民社会に『部落』を差別する意識が広がっていると言うことはできない」（杉島幸生「インターネット上の差別表現と法的規制」『人権と部落問題』２０１８年9月号）のです。

「人権教育・啓発推進法」以降、部落差別が一層深刻化したことを立証する事実は何もない以上、「部落差別を解消するため」の教育・啓発を明示した法律の必要性もないことになります。

二　「差別意識」は、根深く存在しているのか

「部落差別を解消するため」の教育・啓発の法律が必要だというのであれば、「人権教育・啓発推進法」をあげれば済むことだと述べましたが、「人権教育・啓発推進法」自体をめぐっても重大な問題が存在していました。それは、「意見具申」（１９９６年）が、「同和問題に関する国民の差別意識は解消へ向けて進んでいるものの依然として根深く存在しており、その解消に向けた教育及び啓発は引き続き積極的に推進していかなければならない」と指摘したことです。部落問題に関わる「差別意識」が「依然として根深く存在」するという認識が前提になって、人権教育・人権啓発の必要性が強調され、「人権教育・啓発推進法」が制定されたのです。部落問題に関わる「差別意識」が「依然として根深く存在」するという認識にどれほどの妥当性があるのかが、問題の焦点です。

では、「差別意識」が「依然として根深く存在」していることは、どこでどのように立証されたのでしょうか。まず、「差別意識」とはどういう意識なのかが問題ですが（政府関係機関の文書には、何の説明もありません）、ここでは、「差別を当然視する意識」とでも規定して論述を進めます。こう考えた場合、今日部落

問題に関わる「差別意識」は解消されたわけではありません。また、完全に解消されることを想定することも困難です（部落問題に限って、すべての国民が正しい認識を持つなどということはありえません）。

「意見具申」は、「差別意識」がまだ存在（有無）していることをふまえた上で、「差別意識」の程度（深い・浅い／強い・弱い）を問題にして、まだ根深く存在していると指摘しているのです。

しかし、「差別意識」は、あくまで意識（人間の内面）ですから、その程度は本来外からはわかりません。ある場合には、本人さえ程度を推し量ることは簡単ではありません。たとえば、結婚している人に、「夫（妻）を愛してますか」と質問すると、たいがいの方は「はい」と答えるでしょうが、「では、どの程度愛していますか」という質問にはどう答えるのでしょうか。私も、ある地方自治体の職員研修会で参加者に質問しましたが、皆さん、回答に困っておられました。

意識の程度を判断するのは、そう簡単ではないのです。ところが、「意見具申」は、いとも簡単に「依然として根深く」存在していると結論づけています。これは、どこでどのように立証されたのでしょうか。政府関係機関の文書を見ても、せいぜいあげられているのは、結婚差別の存在とインターネット上の書き込みです。しかしこれは、そうした事実がある（「差別意識」の存在）ことの指摘であって、「根深く存在している」（「差別意識」の程度）ことの論証にはなっていません。

では、住民の「差別意識」の根深さはどこで判断できるのでしょうか。仮に「差別意識」の根深さを推しはかることができるとすれば、それは2つの事実を通してです。第1は、特に戦前や戦後初期がそうであったように、部落住民に対する「差別的言動」（事実）が、地域で頻発《ひんぱつ》していることです。第2は、公的な場から部落住民を排除するといった「差別的な慣習」が地域にまだ定着していることです。こうした2つの事実が存在すれば、部落住民に対する地域住民の「差別意識」の根深さを推しはかることはある程度可能です。

では、こうした「差別的言動」はなお頻発し、「差別的な慣習」はまだ残されているのでしょうか。今日では、かつてに比べれば「差別的言動」は激減し（完全になくなったとは言えません）、「差別的な慣習」はなくなったといっていい状況に達しています（「差別的な慣習」がまだ残っているとすれば、大きな社会問題となります）。

だとすれば、部落住民に対する「差別意識」は「依然として根深く」存在しているという主張の実態的根拠はないことになります（くわしくは、梅田修『「人権教育」のゆくえ―「同和教育」転換の顛末』兵庫部落問題研究所、1997年8月、参照）。もちろん個人の意識の程度なので、「差別意識」を根深く持っている人が存在する可能性は否定できませんが、全体として「差別意識」の根深さを根拠づける実態は存在しないということになります。

三　「意識調査」と教育・啓発

人権教育・人権啓発の必要性の根拠として、次にもちだされるのが、住民の「意識調査」です。たとえば、1993年度の総務庁の「意識調査」によれば、同和地区外の12・7％の人が、自分の子どもと同和地区の青年との「結婚を認めない」と答えています。「結婚を認めない」との回答は、あくまでも「意識」の有無を示すもので、「意識」の程度（根深さ）を示したものではありません（意識の程度はわかりません）。

しかし、この結果から、「結婚を認めないと回答した人たちが、いつ差別事件を起こすかわからない」ので、「差別事件を起こす前に、差別意識をなくすための教育・啓発が必要だ」という論法がもちだされます（根深さとは無関係に持ち出されます）[1]。

私が出会ったほとんどの自治体関係者は、こう強調しました。そこで私は、自治体関係者にすぐに尋ねました。「部落問題について、差別意識を持っている人がゼロになるとは思っておられないでしょうね。」部落問題に限って、国民すべてが正しい認識をもつなどということはありえませんから、「はい」という答えが返ってきます。「では続けて質問しますが、12・7％の人が問題だから教育・啓発が必要だというのであれば、では何％にすることを目標にされるのですか。つまり、何％になったら教育・啓発をおやめになるのですか。目標は8％ですか、6％ですか、5％、4％…」「ゼロになるとは思っておられないでしょうね」、「はい」。「では、何％が目標ですか」、「…」。「ゼロになることはない以上、教育・啓発を未来《みらい》永劫《えいごう》やるということですか」、「…」。禅問答のようなやりとりが続きます。自治体関係者は、「答え」の出ない「問い」と格闘しているようでした。

「差別意識」がある以上、「差別意識」をなくすための教育・啓発が必要ではないかという「問い」の立て方が間違っています（それは、実現できない目標に向かってばく進するようなものです）。「意識調査」では「結婚を認めない」という人が12・7％いるとしても、「結婚差別事件」は減少しているのはなぜか。「問い」は、こう立てられるべきです。

「答え」をだすためには、近年の青年の結婚をめぐる事情を検討する必要があります。親たちは強く反対したのであろうか。仮に反対にあった時、若い2人は結婚することをやめたのであろうか。反対した親は、結婚がダメになるまで反対し続けたのであろうか…など。

「結婚差別事件」が減少していることからいって、①仮に親が反対したとしても、若い2人は自分たちの意思にもとづいて結婚を実現させていっているのではないか、②仮に反対していた親でも、2人の意思の確かさと強さを確信するにしたがって、結婚を認めるという方向にかわっていっているのではないか、ということを予測させます。「差別意識」を持っている人がいたとしても、現実は「差別意識」に左右されることなく（そういう「意識」をも揺さぶりながら）、部落問題解決の事態が進行しているといえるのではないでしょうか。現実には、「差別意識」の克服は、こうした実践的な形（人間同士の関わりの中で）で実現していっていると考えられます。

四　「差別意識」は、必ず「差別的言動」として現れるか

1．心の中で何を考えてもかまわない

同和対策審議会「答申」（1965年8月／以下、「答申」）が、部落差別を「実態的差別」と「心理的差別」の2つに区分して説明したことから、意識の問題に関わっては長年「心理的差別」という概念が使われてきました（「心理的差別」なる概念は、心理学・社会学の概念としては通用していません。これは、同和対策のみに関わる造語です）。

しかも「答申」は、「心理的差別」とは「人々の観念や意識のうちに潜在する差別」であって、それが「言語や文字や行為を媒介として顕在化」すると説明しました。「差別」は心の中にあって、それが顕在化するというのです。しかし、心の中に「差別」など存在しません。日本国憲法第19条（内心の自由）を持ち出すまでもなく、人々が心の中で何を思い何を意識しようとそれ自体は「差別」ではありません。どんなにロマンチックなことを空想しようが、どんなにグロテスクなことを想像しようが、どんな人を愛そうが、どんな人を憎もうがまったく自由です。何かで表現しない限り、人が何を考えているのか本来他人にはわかりません。

何を考えても、何を思っても「差別」ではありません。仮に「差別意識」をもっていたとしても、「差別意識」はあくまでも「意識」である以上、それが差別的言動につながらない限り「差別」ではありません。「差別」とは、具体的な「基本的人権の制限・侵害」の事実を意味するからです。だから、「答申」の説明は不適切だったのです（このこともあってか、近年は「心理的差別」の言葉は使われていません）。

2．「差別意識」は、必ず「差別的言動」として現れるか

「差別意識」にこだわるほとんどの人が前提にしているのは、「差別意識」があれば、必ず（いずれは）「差別的言動」として現れるはずだ、だから早期に「差別意識」を解消する必要があるという主張です。しかし、これは人間をひどく一面的にしか見ていない考え方です。わかりやすいので、いつも紹介しているのは、次の事例です。

「中学時代にいじめられつづけ、担任に訴えても形式的にしか扱ってくれず、ついに学校に行けなくなっ

た。そのため念願の高校進学も断念した。今でも…当時のいじめた側の者たちをみかける。彼らは高校生活をエンジョイしているようだが、なぜ、いじめられた自分は高校にも行けないでこのような思いで過ごさねばならないのか。ここでこういうことをいうのはひんしゅくを買うだろうが、連中をみると、殺してやりたくなる。そういう気持ちになる自分もイヤになる。このことをぜひ誰かに聞いてほしかった。」（折出健二「いじめ克服と教育実践」、八木英二・梅田修編『いま人権教育を問う』大月書店、１９９９年、所収）

いじめられた生徒（中学生）が高校にも行けず、いじめた側の生徒が高校生活をエンジョイしていることへの理不尽さを訴えたものです。彼は「殺してやりたくなる」と思ってはいますが、もちろん殺しません。「こういう気持ちになる自分もイヤになる」と言っているからです。

だから、何かを思っているからと言って、それが必ず（いつかは）言動となって現れるわけではありません。人間は一方で理性を働かせ、自分の言動に責任をもとうとします。好きな人ができたからと言って、必ず告白するとは限りません。告白までには、様々な葛藤が生じます。その結果、告白せずに終わることも多々あります。こんなことは、日常茶飯事です。「思え」ば、必ず「言う」「行う」はずだなどというのは、ひどく人間を一面化した考え方だということです。

もちろん、「差別意識」を直接言動に出す人は、少なくなったとはいえなくなってはいません。仮にそうした言動があったとしても、それが地域で大きな影響を与えないような地域づくりが基本的な課題なのです。

五　住民の「人権意識」形成の基盤と教育・啓発

1．住民の「人権意識」を規定するもの―女性差別を手がかりに

住民の「人権意識」形成の前提として、まず、住民の「人権意識」が何によって規定されているのかを検討します（女性差別の問題を事例とします）。手がかりにするのは、次の2つの調査です（いずれも梅田が調査の実施・分析に関わりました。調査してから少し経過していますが、住民の意識の傾向にはそれほど大きな違いはないと思われます）。

a．和歌山県・串本町『人権問題（同和問題）アンケート調査報告書』（1998年）

b．滋賀県・日野町『人権学習に関する意識調査報告書』（2005年）

調査項目の中に、次の2つの設問があります（2つの調査結果にはあまり違いがないので、調査結果については串本町調査の結果を用います）。

①女性雇用者は、女性であるという理由で、給与・昇進・定年などの面で男性雇用者よりも不利な取り扱いを受けていることがあります。このことについて、あなたはどう思いますか。

②会社の入社試験で、両親の有無など家庭環境を理由にして不採用にされる場合があります。このことについて、あなたはどう思いますか。

まず、「家庭環境を理由とした不採用」（②）では、「不当である」（84・3％）が「当然である」と

「現状ではやむをえない」の合計（9・6％）を大きく上回りました。「不当である」と感じる意識は定着しています。ところが、「女性雇用者の不利な扱い」（①）では、「不当である」（36・2％）は「当然である」と「現状ではやむをえない」の合計（52・9％）を下回っています。男女別に見ても、「不当である」と答えたのは、男性（35・6％）、女性（38・8％）とあまり違いがありません。女性自身の批判意識もそれほど強くないのです。「家庭環境を理由とした不採用」では、「不当である」の比率が高いのに、「女性雇用者の不利な扱い」では「不当である」の比率が低いのです。では、なぜこうした違いが生まれるのでしょうか。さしあたり、次のことが指摘できます。

両親の有無などの家庭環境を理由にした不採用を「当然である」「現状ではやむをえない」と判断する理由には、母子家庭・父子家庭の子どもは人間関係上問題を起こしやすい、不祥事を起こした場合に責任がとりにくい、といった事情が想定されていると推察できます。しかし、こうした事情は、母子家庭の子どもたちに特に顕著であるという根拠はありません（偏見に近い想定です）。家庭環境と職場での本人の能力・適性とは直接関係ないだけでなく、こうした想定も事実として確認できないことが、家庭環境を理由にした不採用をより強く「不当である」と感じさせているといえます。

次に、女性雇用者を不利に扱うことを「当然である」「現状ではやむをえない」と判断する理由には、「女性は、いつまで働き続けるのかわからない（途中でやめていく）」「女性は、家庭の事情などから勤務形態などが制約される」といった事情が想定されていると推察できます。女性の側から言えば、「いつまで働けるかわからない」「男性と同じようには働けない」ということになります。

この「女性は、いつまで働き続けるのかわからない（途中でやめていく）」というのは、偏見の問題ではなく事実の問題です。[2]日本では、結婚・妊娠・出産・育児・家事という状況が重なると、女性が働き続けることが困難になる事態がまだ広範に残されています。待機児童問題は一つの象徴です。そのため、日本の女性の就業形態はM字型となっています（主として高校卒・大学卒で就職するものの、少なくない女性が妊娠・出産・育児の際に離職し、子育てが一段落した時点で再就職するという形態です）。欧米諸国ではこうした傾向は見られません。

こうした事態の存在が、給与・昇進・定年における不利な扱いを「当然である」「現状ではやむをえない」といった意識を生じやすくさせています。「女性ははじめから勤め続ける意志がない」といった批判が加えられたり、「女性は途中でやめて当然である」といった意見がありますが、これらはこうした事態を前提に維持されているとみるべきです。つまり、女性が働き続けることが困難な客観的条件の存在が、住民の意識を強く制約しているのです。

このことは、逆から検討すると明確になります。私が、兵庫県・西宮市の小学校の教職員研修でこの調査結果を話した際、「この職場（小学校）で女性教師が不利に扱われていることがありますか」と質問しました。先生方はしばらく考えておられましたが、なかなか意見が出てきません。給与・定年は同じで、昇進の格差も近年是正されてきています。学校では、女性が特に不利に扱われることはなくなってきています。その中で、仮に「女性教師が、女性であるという理由で、給与・昇進・定年などの面で男性教師よりも不利な取り扱いを受けていることがあります。このことについて、あなたはどう思いますか。」と質問すれば、ほとんどの教師は「それはおかしい」と答えるでしょう。これは、教師の人権意識が高いというよりも、基本的には男女が同じように扱われているという事実が先生方の意識に大きく影響しているのです。

このように、住民の「人権意識」は、まずは地域・職場・家庭における権利保障と民主主義の在り方に深く関係しているということです。

2．教育・啓発によって「人権意識」は高揚するか

しかし、「人権意識」の不十分な人はいるので、やはり教育・啓発は必要だという反論はありえます。これについては、教育・啓発の役割とは何かという観点からの検討が必要です。この点を検討するために、行政が実施した学習会・講演会（教育・啓発）への参加状況と人権問題への意識状況の関連を見てみます。調査結果（串本町）は次の通りです。

「女性雇用者の不利な扱い」を「不当である」と答えたのは、学習会・講演会に、「何回となく参加」した人の48・5％、「ときどき参加」した人の38・4％、「ほとんど参加していない」人の35・4％、「参加したことがない」人の37・5％です。「わからない」と答えた人は、参加回数が多いほど低くなっています。

「家庭環境を理由とした不採用」を「不当である」と答えたのは、学習会・講演会に、「何回となく参加」した人の86・7％、「ときどき参加」した人の88・4％、「ほとんど参加していない」人の87・0％、「参加したことがない」人の86・3％です。参加回数による違いはほとんど見られません。「わからない」と答えた人は、参加回数が多いほど低くなっています。

ここから、2つの傾向が指摘できます。第1は、「女性雇用者の不利な扱い」で、「何回となく参加」した人の「不当である」の比率がやや高いものの、学習会・講演会の参加回数と人権問題への意識は必ずしも相関があるとは言えないことです。

こうした傾向は、総務庁地域改善対策室『平成五年度同和地区実態把握等調査—意識調査報告書』（1995年刊、1993年調査）でも確認できます。この調査では、「外国人への貸家拒否」を「差別だと思う」のは、同和講演会に「何回も参加した」人の比率がやや高いものの、「家庭環境による採否」を「差別だと思う」のは、同和講演会に「何回も参加した」人の72・6％、「一〜二回参加した」人の74・9％、「参加したことはない」人の72・5％です。さらに「男は仕事、女は家庭」を「差別だと思う」のは、同和講演会に「何回も参加した」人の41・4％、「一〜二回参加した」人の41・4％、「参加したことはない」人の38・1％です。つまり、同和講演会の参加回数とは相関が見られないのです（杉之原寿一『部落の現状はいま』部落問題研究所、1995年）。

第2は、学習会・講演会に参加した人ほど、自分の意見を持っていることです。「何回となく参加」した人ほど「わからない」の比率が低いことは、このことを示しています。学習会・講演会の効果が確認できるとすれば、この点です（但し、自分の意見を持っている人が「何回となく参加」している可能性もふくんでおり、学習会・講演会に参加したことによって自分の意見を持つようになったかどうかの判断はやや慎重におこなう必要はあります）。

だとすれば、学習会・講演会は、「住民が参加して自分の意見を持つ」「自分が変わっていく手がかりを得る」機会ではあるとしても、「差別意識」の解消や「人権意識」の高揚に直接関連しているとは断定できません。教育・啓発によって「差別意識」の解消や「人権意識」の高揚をめざすという目的の設定自体が問われていることになります。

「差別意識」を解消するための教育・啓発といった発想からは、もはや卒業すべきなのです。

3. 教育・啓発と自主的な教育・学習活動

では、人権教育・人権啓発は、引き続き必要なのでしょうか。

第1に、誤解・偏見の解消です。たとえば「部落には乱暴な人が多い」などといった誤解・偏見（部落解放同盟による「確認・糾弾」の影響もあり、単純に誤解・偏見ともいえない側面がありますが）は、基本的には部落内外の自由な交流によって解決されるべき課題です。自由な交流による相互理解の進展が、こうした誤解・偏見を解消する基本的な力です。もちろん誤解・偏見は、こうした実態に関わる問題だけでなく、歴史認識などに関わる問題もあります。したがって、正しい歴史認識の形成などを目的にした教育・啓発の必要性は存在しています。

第2は、「差別意識」の問題です。「差別意識」は「差別を当然視する意識」ですから、誤解・偏見の域を超えています。こうした人間の信念・信条にかかわる意識の在り方は、基本的には、地域・職場・家庭における権利保障と民主主義のあり方に規定されます。部落問題をめぐる「差別意識」も、基本的には「格差是正」の進展を前提にした、地域内外の自由な交流の実現によって解決されます（国民的融合の前進）。つまり、国民的融合の前進は、地域内外の住民の相互理解を促し、誤解・偏見の解消とともに「差別意識」をも克服する基本的な力となるのです。

住民の「人権意識」の形成と教育・啓発にかかわって言えば、住民の自主的な教育・学習活動の機会を豊かに保障することが課題です。人々が自らの「人権意識」を向上させる場合、基本となるのは自主的な教育・学習活動です。地方自治体には、住民を自主的な教育・学習活動に導くような豊かな学習機会の提供（条件整備）が求められます。地方自治体が実施する講演会・学習会は、こうした目的をもって企画される必要があります。

註

（１）近年、地方自治体の「人権意識調査」が相次いでいます。この中には、結婚問題に関する設問もあります。たとえば、京都市の意識調査（京都市『人権に関する市民意識調査報告書』２０１９年３月）には、「結婚相手を考える際に、気になること（なったこと）はどんなことですか。あなた自身の結婚の場合と、お子さんの結婚の場合とに分け、気になる項目に○を付けてください。」という設問があって、選択肢の一つに「同和地区出身者かどうか」があります（いまだに、「同和地区」という概念を使用しています）。「あなたのお子さんの場合」だと、「同和地区出身者かどうか」に○を付けた人は27・６％です。「気になる」人の中から「同和地区の青年」との結婚に反対する人が出てくる可能性があるので、結婚に反対する前に教育・啓発が必要だとの論法がもちだされる可能性が否定できません。

（２）世界経済フォーラム（ＷＥＦ）が、２０１９年12月17日に発表した各国の男女格差（ジェンダーギャップ）報告書によると、日本は１５３カ国中１２１位で過去最低となったことが報道されています。

第五章　「人権意識調査」の視点と方法―何が問題か―

石倉　康次

はじめに

「部落差別解消推進法」第6条（国による「部落差別の実態に係る調査」）に係わって、法務省人権擁護局は、２０１９年8月、全国１０、０００人を対象に「２０１９年度人権に関する意識調査」を実施しました。他の調査とともに調査結果は「できるだけ早い時期に公表したい」としていますが（第一章参照）、公表時期はきまっていません。この調査結果が公表されれば、「人権に関する意識調査」が全国に拡大していく可能性があります。こうした事態に鑑み、本章ではすでに実施された自治体における「人権意識調査」を対象に、「人権意識調査」の視点と方法をめぐる問題点と課題について検討することにします。

２０１８年度において、すでに全国の少なくない地方自治体で「人権」に関する意識調査が実施され、その調査報告書がネット上や印刷物として、一般に閲覧できるようになっています。調査目的は、いずれの自治体もほぼ同様で「人権が尊重される社会作りのための施策の検討に活用していくこと」（和歌山県、２０

１９年）となっています。

本章でとりあげるのは、名古屋市[1]、京都市[2]、尼崎市[3]、生駒市[4]、和歌山県[5]、兵庫県[6]、富山県[7]などの調査報告書です。これらの自治体で実施された調査の項目設定の基本形は、２０１７年度の内閣府『人権擁護に関する世論調査[8]』です。しかし、自治体によっては項目設定や分析において、内閣府調査にはない独自の工夫もみられます。これらを対比することで、行政当局による人権問題把握の視野や問題意識の所在を知ることができますし、市民の人権問題に関する関心の所在の一端を知ることができます。しかし同時に、これらの調査は、調査主体である行政の側が設定した質問項目と選択肢に対して回答を求めるという構造であるため、質問項目や選択肢にはない市民意識はすくい上げられないという限界もあります。

一　「人権課題として関心をもっているもの」と「働く人の問題」の軽視

いずれの自治体が実施した調査にも、市民に「人権課題として関心をもっているもの」を選択肢から選ぶ質問項目があります。回答は、いくつでも、３つ以内、５つ以内で選ぶよう指示するなどの差異があるため、項目ごとの回答率は異なっていますが、回答の上位に上がったものを順に表にしてみました（**表１**）。

それによると、最上位には、①「子どもに関わる問題」、②「障害のある人に関わる問題」などがあがっています。次いで、③「高齢者に関わる問題」、④「働く人の問題」（生駒市調査では、「非正規雇用など雇用形態の問題」「ワーキング・プアの問題」「ハラスメントなど職場での問題」に分けています）、⑤「インターネ

表１　「人権課題として関心をもっているもの」

順位	京都市	尼崎市	生駒市	和歌山県	兵庫県	富山県	内閣府
1	子どもに関わる問題	障害のある人に関する問題	子どもに関する問題	障害のある人の人権	障害のある人に関する問題	子どもに関する問題	障害者
2	高齢者に関わる問題	高齢者に関する問題	高齢者に関する問題	働く人の人権	インターネットによる人権侵害の問題	障害のある人に関する問題	インターネットによる人権侵害
3	働く人に関わる問題	女性に関する問題	インターネットを利用した人権侵害に関する問題	情報化社会における人権侵害	女性に関する問題	インターネットによる人権侵害	高齢者
4	女性に関わる問題	子どもに関する問題	北朝鮮当局による拉致問題	子供の人権	高齢者に関する問題	高齢者に関する問題	子ども
5	障害のある人に関わる問題	インターネットによる人権侵害の問題	女性に関する問題	女性の人権	子どもに関する問題	女性に関する問題	女性
6	インターネットによる人権侵害	犯罪被害者に関する問題	プライバシー保護に関する問題	高齢者の人権	働く人の権利に関する問題	北朝鮮当局によって拉致された被害者に関する問題	東日本大震災に伴う人権問題
7	犯罪被害者に関わる問題	外国籍住民に関する問題	障害者に関する問題	犯罪被害者とその家族の人権	東日本大震災やそれに伴う福島第一原子力発電所の事故の発生による人権問題	犯罪被害者等に関する問題	北朝鮮当局によって拉致された被害者等
8	拉致被害者に関わる問題	部落差別に関する問題	非正規雇用など雇用形態の問題	医療の現場における患者の人権	北朝鮮当局によって拉致された被害者に関する問題	東日本大震災に伴う人権問題	犯罪被害者等
9	外国人・外国籍市民に関わる問題	性的マイノリティに関する問題	ワーキング・プアの問題	環境問題	犯罪被害者に関する問題	外国人に関する問題	性同一性障害者
10	LGBT等の性的少数者に関わる問題	刑を終えて出所した人に関する問題	ハラスメントなど職場での問題	公権力による人権侵害	環境と人に関わる問題	刑を終えて出所した人に関する問題	外国人
11	同和問題	エイズ患者・HIV感染者に関する問題	生活保護に関する問題	同和問題	日本に居住している外国人に関する問題	性的指向に関する問題	性的指向

ットによる人権侵害の問題」（もしくは「情報化社会における人権侵害」）があげられています。これらに次いであげられるのは、⑥「女性に関わる問題」です。これらの６つが、市民が今日意識している人権問題の６大分野と見てよさそうです。

ここで気になるのは、尼崎市、富山県、内閣府調査の選択肢の中に、「働く人の問題」が入っていないことです。おそらく、尼崎市と富山県の調査は内閣府調査に倣ったものと思われますが、意識的にか無意識的にかはわかりませんが、働く場における人権問題を無視しているのは重大な欠陥といえます。

もう1つの特徴は、人権問題として「部落差別（同和問題）」が上げられている順位は、尼崎市の8番目がもっとも上位で、他は11位以下になっています。このことは、同和対策事業特別措置法が制定された1969年から半世紀以上を経て、人々の意識する人権課題からは下位に移動していることを示しています。

これを同和問題の「潜在化」とみるのは主観的過ぎます。むしろ、他の人権問題の重大さが意識される一方、部落問題の現実については、長年の同和行政施策の成果による全般的な格差の解消や、混住や通婚の進展の中で社会的な交流も進展し、生まれによって差別をすることを批判的にみる民主的な意識の浸透など、この問題の解決過程の進展の反映とみることはできるでしょう。(9)

二　「自分の人権が侵害されたことがあるか・その種類」という問いの曖昧さと狭さ

次に、各調査で共通しているのは「「自分の人権が侵害されたことがあるか」を問い、「ある」と回答した人に「その種類」を問う項目です（**表2**）。ここには、3つの問題点があります。

1つめは、期間を限定せずに「ある」かどうかを聞いていることです。尼崎市、兵庫県、富山県、内閣府がそれに該当しますが、これでは過去の時代の経験も一緒にカウントされてしまい、過去の問題が混在して今の問題が薄められます。期間を限定した名古屋市、京都市、生駒市でトップに上がっているのは、働いている職場での待遇やパワー・ハラスメントなどです。

表２　「自分の人権が侵害されたことがあるか・その種類」

順位	名古屋市	京都市	尼崎市	生駒市	兵庫県	富山県	内閣府
	この10年で「ある」：24.9%	この5年間で「ある」：15.8%	ある：24.5%	ここ5年くらいで「ある」：14.3%	ある：23.1%	ある：31.6%	ある：15.9%
1	職場における不当な待遇	職場におけるいじめ、パワー・ハラスメントやセクシャル・ハラスメントなど	パワー・ハラスメントを受けた	働いている場で雇用主や上司などから不当な待遇を受けた	あらぬうわさや悪口による、名誉・信用などの侵害	あらぬ噂、他人からの悪口、陰口	あらぬ噂、他人からの悪口、かげ口
2	あらぬ噂、他人からの悪口、かげ口	あらぬ噂やかげ口などによる、名誉・信用の侵害	地域、家庭、職場等での暴力、脅迫、無理じい、仲間はずれ	うわさを立てられたり、悪口、かげ口を言われたりした	職場でのいじめやいやがらせ	職場での不当な待遇やパワー・ハラスメント	職場での嫌がらせ
3	セクハラ、パワハラなどのハラスメント	プライバシーの侵害	あらぬ噂や悪口により、名誉・信頼等を侵害された	責任や義務のないことをやらされた	学校でのいじめや体罰	学校でのいじめ	名誉・信用の毀損、侮辱
4	名誉や信用を傷つけられたり、侮辱を受けたりしたこと	公務員による不当な扱い	差別待遇により不平等または不利益な扱いをされた	プライバシーを侵害された	プライバシーの侵害	名誉・信用のき損・侮辱	学校でのいじめ
5	差別的待遇	性別による差別的な扱いや言動	公的機関や企業・団体により不当な扱いをされた	役所や警察など、公的機関で不当な扱いを受けた	公的機関や企業・団体による不当な扱い	差別待遇	プライバシーの侵害
6	仲間はずれや無視	ドメスティック・バイオレンス	セクシャル・ハラスメントを受けた	性的いやがらせを受けた	差別待遇	プライバシーの侵害	使用者による時間外労働の強制等の不当な待遇
7	プライバシーの侵害	出身地による差別的な扱いや言動	ドメスティック・バイオレンスによる人権侵害	就職の時、差別的な扱いを受けた	ドメスティック・バイオレンス	暴力・脅迫・強要	悪臭・騒音等の公害

２つめは、「自分の人権が侵害されたことがある」という回答と「周りで見たり聞いたりしたことがある」という回答を一緒にして集計している和歌山県のような調査です（表２からは除外しました）。これでは、実際の経験だけではなく、伝聞が加味されることによって、実際以上に数値が過大となり現状の評価を見誤らせます。

３つめは、「自分の人権を侵害された」経験を選択する項目の中に、基本的人権における「社会権」に関わる項目がないことです。つまり、健康で文化的な生活水準を保障される権利、教育を受ける権利、労働者の団結権・団体交渉権・団体行動権、勤労の権利、社会保障の権利などに関わる項目が選択肢として用意されていません。このため、社会権に関わる市民の意識や実態がとらえられないだけでなく、人権問題が人と人との関係や、せいぜい公的機関の窓口や職場での対応といった狭い範囲に限定され、調査に回答する市民に対して、人権侵害の問題を狭くとらえさせる効果を生みだしかねない致命的な問題をはらんでいます。

三　「具体的な人権問題で問題になると思うこと」に現れた調査方法の問題

市民が関心を寄せている具体的な人権問題において、「何が問題になっていると思うか」をたずねる問いがあります。第1節で指摘した市民が関心を持つ6大分野、すなわち、①「子どもに関わる問題」、②「障害のある人に関わる問題」、③「高齢者に関わる問題」、④「働く人の問題」、⑤「インターネットによる人権侵害の問題」、⑥「女性に関わる問題」についての上位5つの回答項目をみてみます。そこにも人権意識調査の視点と方法の問題点があらわれています。

①「子どもの人権で問題になっていること」での子どもの貧困の軽視（表3）

「子どもの人権で問題になっていること」を問う項目では、「子ども同士のいじめ」「親による体罰・虐待」「成績や学歴だけで判断すること」「進路選択で大人が子どもの意見を無視すること」など子どもを囲む周囲の人間関係に関わる問題を中心とした選択肢になっているという狭さがあります。

「子どもの貧困」に関わる選択肢があげられている尼崎市、生駒市、兵庫県では、それが上位に来ていま

表３　「子どもの人権で問題になっていると思うこと」

順位	名古屋市	尼崎市	生駒市	兵庫県	富山県	内閣府
1	子どもへの暴力や暴言、育児放棄などの虐待があること	子どもに心理的な虐待を加えたり、子育てを放棄したりすること	子ども同士のいじめ	子どもに心理的な虐待を加えたり、子育てを放棄したりすること	いじめを受けること	いじめを受けること
2	子どもの間で、仲間はずれや無視、暴力を振るうなどのいじめがあること	子ども同士の「暴力」、「仲間はずれ」、「無視」などのいじめ	親による子どもの体罰・虐待	子ども同士が「暴力」や「仲間はずれ」、「無視」などのいじめをしたりすること	虐待を受けること	虐待を受けること
3	インターネットを使ってのいじめがあること	家庭の経済的な理由で進学や就職等に支障があること(子どもの貧困)	子どもの貧困問題	インターネットを使ったいじめが起きていること	いじめ、体罰や虐待を見て見ぬ振りをすること	いじめ、体罰や虐待を見て見ぬ振りをすること
4	暴力や犯罪、性に関わる問題など子どもにとって有害な情報が氾濫していること	児童買春や児童ポルノの対象となること	成績や学歴だけで判断すること	貧困のために進学や就職が困難になったり、健康な生活ができなかったりすること	体罰を受けること	体罰を受けること
5	学校や就職先などの進路の選択にあたって、大人がその意見を無視したり大人の考えを押しつけたりすること	教師や親が、子どもに対して自分の意見を主張させないこと	インターネットでの特定個人への誹謗中傷	保護者が言うことを聞かない子どもにしつけのつもりで体罰を加えること	学校や就職先の選択等の子どもの意見について、大人がその意見を無視すること	学校や就職先の選択等の子どもの意見について、大人がその意見を無視すること

す。選択肢から省かれている名古屋市や富山県、内閣府の調査では、貧困は子どもの人権に関わる問題ではないと考えられているのでしょうか。

②「障害者の人権で問題になっていると思うこと」での企業や行政責任の軽視（表４）

次に「障害者に関わる問題」では、「就職・職場での不利な扱いを受けること」「企業等における雇用が進まないこと」「経済的に自立していくことが困難なこと」「社会復帰や社会参加のための受け入れ体制が十分でないこと」「道路の段差や建物の階段」など、企業や行政によるリーダシップに関わる課題が上位に上がっています。

しかし、富山県と内閣府では、選択肢のほとんどが市民同士にかかわる問題に限られています。２０１８年に、国や地方自治体などの公的機関での障害者雇用率の水増し問題が発覚した

表4　「障害者の人権で問題になっていると思うこと」

順位	名古屋市	尼崎市	生駒市	兵庫県	富山県	内閣府
1	就職・職場で不利な扱いを受けること	発達障害や精神障害の理解が進まないこと	障がいのある人に対する人々の理解が十分でないこと	働く場所や機会が少なく、仕事上の待遇が十分でないこと	就職・職場で不利な扱いを受けること	就職・職場で不利な扱いを受けること
2	経済的に自立していくことが困難なこと	企業等における雇用が進まないこと	道路の段差や駅の階段など、外出に不便をともなうこと	道路の段差解消、エレベーターの設置など、障害のある人が暮らしやすいまちづくりへの配慮が足りないこと	職場、学校で嫌がらせやいじめを受けること	差別的な言動をされること
3	じろじろ見られたり、避けられたりすること	社会復帰や社会参加の受け入れ体制が十分でないこと	就職、職場での生活で不利益を受けること	社会復帰や社会参加のための受け入れ体制が十分でないこと	差別的な言動をされること	じろじろ見られたり避けられたりすること
4	道路の段差や建物の階段など外出先で不便や支障があること	学校や職場で不利な扱いを受けること	障がいのある人の生活を支援する福祉サービスが十分でないこと	学校や職場で不利な扱いを受けたり虐待を受けたりすること	じろじろ見られたり避けられたりすること	職場、学校で嫌がらせやいじめを受けること
5	病院や福祉施設等での看護や介護における処遇が不適切であること	賃貸住宅等への入居が難しいこと	障がいのある人の意見や行動が軽視されること	病院や福祉施設において劣悪な処遇や虐待を受けたりすること	家庭や障害者福祉施設において嫌がらせや虐待を受けること	結婚問題で周囲の反対を受けること

こともあり、問題であると言わざるを得ません。

③「高齢者の人権で問題になっていると思うこと」での制度問題を回避する傾向（表5）

「高齢者の人権で問題になっていると思うこと」でも、選択肢の設定に同様の問題が認められます。「家庭や施設での介護を支援する制度が十分でないこと」といった制度の問題が生駒市、兵庫県ではトップに上がっており、尼崎市や名古屋市でも上位に上がっています。ところが、富山県や内閣府の調査では、このような制度を問題とする選択肢がないのです。介護制度の不備を選択肢から除外する根拠は一体何なのか、大いに疑問が残ります。行政が実施する調査には行政批判につながる選択肢を排除するという配慮が働いているとしたら、自己の批判的検証を排除するという調査自体の欠陥と評価されかねません。

表5　「高齢者の人権で問題になっていると思うこと」

順位	名古屋市	尼崎市	生駒市	兵庫県	富山県	内閣府
1	病院や老人ホーム等の施設での看護や介護における処遇が不適切であること	悪徳商法や詐欺などの被害が多いこと	家庭や施設での介護を支援する制度が十分でないこと	家庭や施設での介護を支援する制度が十分でないこと	悪徳商法、特殊詐欺の被害が多いこと	悪徳商法、特殊詐欺の被害が多いこと
2	詐欺や悪質商法の被害を受けること	働く意欲や能力があるのに雇用と待遇が十分でないこと	経済的に自立が困難なこと	悪徳商法や詐欺などによる被害が多いこと	病院での看護や養護施設において劣悪な処遇や虐待を受けること	病院での看護や養護施設において劣悪な処遇や虐待を受けること
3	いやがらせや虐待・暴力を受けること	家族が世話をしなかったり、虐待をすること	近所や地域の人とのふれあいや理解を深める機会が少なく孤立していること	働く意欲や能力があるのに雇用と待遇が十分保障されていないこと	経済的に自立が困難なこと	経済的に自立が困難なこと
4	経済的に自立していくことが困難なこと	家族や施設での介護を支援する制度が十分でないこと	悪徳商法の被害が多いこと	病院や福祉施設において劣悪な処遇や虐待を受けること	高齢者が邪魔者扱いされ、つまはじきにされること	働く能力を発揮する機会が少ないこと
5	保険・医療・福祉・介護などの制度を利用するにあたって、負担などが重く感じられること	情報をわかりやすく伝える配慮が足りないこと	働ける能力を発揮する機会が少ないこと	情報をわかりやすい形にして伝える配慮が足りないこと	働く能力を発揮する機会が少ないこと	家庭内での看護や介護において嫌がらせや虐待を受けること

さらに、「悪徳商法・特殊詐欺」「病院や施設での処遇や虐待」「家庭内での虐待」などは、利用者と民間事業者、民間同士の問題であって行政は無関係な問題であるとして片付けられるものではありません。行政機関の指導的役割や権利擁護の制度的仕組みや、公的資源投入の貧弱さの表れとみることもできます。

④「働く人の人権で問題があると思われること」を調べた調査は少ない

第1節で見たように、「働く人の人権」は、市民が関心を抱く6大人権問題の1つでした。しかし、問題の中身を具体的に問うた項目は、兵庫県の調査のみでした。兵庫県の調査で市民が重視しているのは、「長時間労働が常態化して、仕事と生活の調和が保てないこと」「非正規雇用の割合が高くなり、待遇の差が大きくなっていること」「休暇制度があってもとれないような実態があること」「無理なノルマを課したり賃金不払い残業やパワーハラスメントが横行したりといった職場が存在すること」です。

表1でみたように、生駒市調査では「非正規雇用など雇用形態の問題」「ワーキング・プアの問題」「ハラスメントなど職場での問題」が上位に上がっていましたが、長時間労働や休暇が取れないことが労働者の人権問題としてあげられていることは、事態の深刻さを表しています。しかし、このような調査項目を設定した調査が極めて少ないことは、やはり人権問題把握から「働く人の人権」を欠落させた視野の狭さとして、大いに問題にされるべきです。

⑤「女性の人権で問題になっていると思うこと」では行政責任に関わる課題の軽視（表6）

「女性の人権で問題になっていると思う」ことでは、企業責任に関わる「雇用・昇進・昇給における差別的待遇」がいずれの調査でも共通して上位に上がっています。また、「職場におけるセクハラ・マタハラ」も名古屋市でトップに、尼崎市では2位にあがっています。

「男女ともに、働きながら、家事や子育て・介護などを両立できる環境が整備されていないこと」が生駒市では最上位にあり、「女性の社会進出のための支援制度の不備」が生駒市と兵庫県で上位に上がっています。この両者は保育・介護などの社会福祉制度、手当を伴う育児休業保障制度の整備など行政責任に関わる問題です。これらの選択肢が、この2つの自治体以外の調査では設定されていません。

この他、固定的な性別役割分担意識、セクシャル・ハラスメントやドメスティック・バイオレンス（同居関係にある配偶者や内縁関係の間で起こる家庭内暴力）、痴漢《ちかん》やわいせつ行為、売買春などの、市民間の関係に

表６　「女性の人権で問題になっていると思うこと」

順位	名古屋市	尼崎市	生駒市	兵庫県	富山県	内閣府
1	職場などにおけるセクハラ・マタハラ	セクシャル・ハラスメント	男女ともに、働きながら、家事や子育て・介護などを両立できる環境が整備されていないこと	女性の活躍に影響を及ぼす古い考え方や社会通念、慣習・しきたりが残っていること	職場において差別待遇を受けること	職場において差別待遇を受けること
2	強制性交・強制わいせつなどの性犯罪や売買春	妊娠・出産等を理由に職場でいやがらせや不当な扱いを受けること	雇用、昇進、昇給などで男女が差別される	男女の性別による固定的な意識	セクシャル・ハラスメント	セクシャル・ハラスメント
3	労働において、性別により職種を限定したり待遇に差があったりすること	昇級や昇進の格差など、職場での男女の差別的な待遇	「男は仕事、女は家庭」という男女の固定的な役割分担意識があること	昇級・昇進の格差など職場での男女の待遇の違い	性別による固定的な役割分担意識に基づく差別的取り扱いを受けること	ドメスティック・バイオレンス
4	性別による固定的な役割分担意識が存在すること	配偶者やパートナーからの暴力	女性の社会進出のための支援制度の不備	女性の社会進出のための支援制度の不備	ドメスティック・バイオレンス	男女の固定的な役割分担意識に基づく差別的取り扱いを受けること
5	配偶者や交際相手からの暴力	固定的な男女の役割分担の意識に基づく差別的言動	痴漢やわいせつ行為などの性犯罪	痴漢やわいせつ行為などの性犯罪	売春・買春	売春・買春

関わる項目があがっています。しかし、これらは一見市民間の関係のように見えますが、たとえば、「固定的な性別役割分担意識」も、１９９０年代半ば以降共働き夫婦が多数派になるなかで、家庭内の分担が不可欠になってきたものの、その遂行を妨げている女性の不安定雇用と男性の長時間労働という構造問題が背景にあります。

⑥「インターネットによる人権侵害」では営利事業者の問題や法規制の課題軽視（表７）

インターネットによる人権侵害の内容についての回答は**表７**のとおりです、ここには、a.インターネットを活用した個人による情報発信における問題（「他人へのひどい悪口や差別的な表現などの掲載」「プライバシーに関わる情報や写真・情報の掲載」など）、b.何らかの営利事業体によるサイト活用やサイト管理の問題（「出

表７　「インターネットによる人権侵害で問題になっていると思うこと」

順位	名古屋市	尼崎市	生駒市	兵庫県	富山県	内閣府
1	他人を誹謗中傷する表現や差別を助長する表現など人権を侵害する情報が掲載されること	他人へのひどい悪口や差別的な表現などが掲載されていること	情報発信者が特定されないため、無責任な発言を行うこと	他人へのひどい悪口や差別的な表現などを掲載すること	他人を誹謗中傷する情報が掲載されること	他人を誹謗中傷する情報が掲載されること
2	個人情報の流出等の問題が多く発生していること	個人情報の流出などの問題が多く発生していること	自分の実名、住所、顔写真、電話番号等プライバシーを暴露されること	いったん流れた情報の訂正や回収が難しいこと	ＳＮＳによる交流が犯罪を誘発する場となっていること	プライバシーに関する情報が掲載されること
3	出会い系サイトなどが犯罪を誘発する場として利用されていること	デマや歪曲された記載など、事実と異なる情報が掲載されていること	ＳＮＳや出会い系サイトの存在など犯罪を誘発する場となっていること	犯罪を誘発する場となっている出会い系サイトなどがあること	他人に差別をしようとする気持ちを起こさせたり、それを助長するような情報が掲載されること	ラインやツイッターなどによる交流が犯罪を誘発する場となっていること
4	捜査の対象となっている未成年の実名や顔写真が掲載されること	インターネット上の人権侵害に対する救済や規制に関する法制度が不十分であること	自分に対する、いわれのない非難・中傷、あるいは根拠のないうわさが流されること	他人のプライバシーに関する情報を掲載すること	プライバシーに関する情報が掲載されること	他人に差別をしようとする気持ちを起こさせたり、それを助長するような情報が掲載されること
5	ネットポルノが存在すること	犯罪を誘発する場となっている出会い系サイトなどがあること	悪質商法によるインターネット取引で被害が発生すること	悪徳商法によるインターネット取引での被害があること	リベンジポルノが行われていること	リベンジポルノが行われていること

会い系サイトなどが犯罪を誘発する場として利用されていること」「悪徳商法によるインターネット取引」など）、c．インターネットによる人権侵害やその救済に関する法規制の不十分さなど、少なくとも３つのレベルの問題が認められます。

富山県や内閣府の調査項目では、もっぱら個人による利用上の問題が列挙されるにとどまっており、営利事業者のネット活用や国の法規制の問題を指摘する選択肢が用意されていないことは、この領域の人権問題には緊急な対応を要するという認識の弱さを示しています。

四　同和問題に関する調査項目の問題性

最後に、同和問題に関する調査項目の問題性について指摘しておきます。第１節でみたように、６大項目には入らず、同和問題は市民の人

表8　「同和問題で問題になっていると思うこと」

順位	名古屋市	生駒市	兵庫県	富山県	内閣府
1	結婚問題で周囲から反対されること	差別的な言動やうわさ話	結婚問題での周囲からの反対があること	わからない	結婚問題で周囲の反対を受けること
2	就職・職場で不利な扱いを受けること	わからない	いわゆる同和地区への居住の敬遠があること	結婚に際して周囲の反対を受けること	差別的な言動をされること
3	差別的な発言や落書きがあること	結婚問題での周囲の反対	わからない	差別的な言動をされること	身元調査をされること
4	交流や交際など日常生活における不利な扱いを受けること	同和地区への居住の敬遠	差別的な言動があること	身元調査をされること	就職・職場で不利な扱いを受けること
5	結婚や就職などに際しての身元調査が行われること	インターネットを悪用した差別書き込みや差別文書の掲載	身元調査を実施すること	就職・職場で不利な扱いを受けること	インターネットを利用して差別的な情報が掲載されること

権問題の関心項目では後景に退いています。「同和問題で問題になっていると思うこと」の回答は**表8**のとおりです。

ここで注目されるのは、「わからない」という回答が生駒市、兵庫県、富山県で上位にきていることです。「部落問題（同和問題）について初めて知ったきっかけ」をたずねる問いでは、「学校の授業で教わった」という回答がもっとも多く、それに「家族から聞いた」という回答が続き、それ以外は極めて少なくなっています。社会的現実で体験することはまれになってきていることが示されています。

同和問題そのものも、1969年の同和対策事業特別措置法が実施される以前とは実態が大きく異なってきています。完全に解決をしている段階とは言えませんが、解決の途上にあることは間違いありません。それが、こうした調査結果に表れているとみてよいでしょう。

したがって、解決途上にある段階においては、人権意識調査がその過程を逆行させるような効果をもたらすようなことは避けなければなりません。このような点から見た場合、例えば名古屋市の、「あなたは、日本の社会に『同和地区』とか『被差別部落』とよばれるところがあり、そこの出身であるとか、そこに住んでいると言うだけの理由で差別される人権問題を知っていますか」という問いや、兵庫県や富山県のような「あなたが結婚しようとする相手が同和地区の人であるとわかった場合、あなたはどうされますか」というような問い自体が、「同和地区」が今なお現存していて、問題とされているのだという捉え方を広める効果をもたらすことになりかねません。

実際には、かつての「同和地区」は混住や通婚が相当に進んでおり、もはや「同和地区」あるいは「被差別部落」というような呼称で表現することは現実から大きくかけ離れてきています。このような段階では、こうした問い自体が誤った固定観念を生み出しかねないと言えます。第2節で紹介したような抽象的な問いと選択肢にとどめておくことが、現時点では妥当なように思われます。

おわりに

以上検討してきたように、これまで実施されてきた「人権意識調査」には、人権問題の捉え方の狭さ、とりわけ企業体や行政機関にかかわる問題や社会権への追求が弱く、市民間の私的な関係における問題に偏していることが明らかとなりました。また、同和問題に関しては、「同和地区」を名指しした調査項目の設定により、現状に関する誤った固定観念をひろげる危険性があることも指摘しました。このような問題性は人権問題を「人権啓発」という狭い観点からとらえようとする、内閣府を中心とした行政的発想に制約されることから由来しているように思われます。

そもそも、人権問題は市民的自由権から社会権、さらには発達権や環境権、ＬＧＢＴなど個人の尊厳に関わる問題など多様な広がりをみせています。それらの問題の中には、啓発による意識変革によって改善しうる側面があることは否定できませんが、男女の性別役割分担意識で見たように社会構造に関わる問題とも不可分であり、啓発だけでは解決に至らないものが多いのです。かつての同和問題がそうであったように、今日の人権問題に関しても、広い視野から総合的に取り組まれるべき構造的な背景の解明が必要です。

意識調査の実施においてもこうした視野が必要です。それには、行政責任に関わる側面も含まれます。したがって、そのような行政も批判的検討の対象にし得るためには、調査主体は行政機関や外部のコンサルにゆだねるのは避けなければなりません。少なくとも兵庫県の調査のような、第三者的な公的権威を有する調査・研究組織、もしくは調査委員会に市民代表を含むような多方面の当事者や専門家が参加する組織編成が必要だといえます。

註

（１）名古屋市（２０１９）『人権についての市民意識調査報告書』（調査実施は２０１８年11月）
（２）京都市（２０１９）『人権に関する市民意識調査報告書』（調査実施は２０１８年11月）
（３）尼崎市（２０１９）『人権についての市民意識調査結果報告書』（調査実施は２０１８年10月）
（４）生駒市（２０１８）『生駒市人権に関する市民意識調査結果報告書』（調査実施は２０１８年５月、対象者も他

の自治体が18歳もしくは20歳以上であるのに対し、生駒市は16歳以上となっている）

（5）和歌山県（2019）『和歌山県人権に関する県民意識調査　調査結果報告書』（調査実施は2018年6月）

（6）兵庫県・公益財団法人兵庫県人権啓発協会（2019）『人権に関する県民意識調査　調査結果報告書』（調査実施は2018年10月）

（7）富山県（2019）『人権に関する県民意識調査報告書』（調査実施は2018年11月）

（8）内閣府（2017）『人権擁護に関する世論調査』（調査実施は2017年10月）

（9）石倉康次（2017）「社会調査から見た部落問題の解決過程」部落問題研究所編『ここまできた部落問題の解決―「部落差別解消推進法」は何が問題か』部落問題研究所

第三部　「部落差別解消推進法」に係わる条例の検討

第六章　「福岡県部落差別解消条例」の問題点
―タブーなく本音で語れる言論市場づくりを―

植山　光朗

一　第41回福岡県人権問題研究集会から

「部落差別解消推進法は、不幸にも、いま、我々の心の中に潜む差別意識について、これはなくしていかなければならない恥ずべきことだよ、と自覚し合い、次世代に引き継がないための法律だと理解しています。」初めて参加された50歳代の方のアンケートへの記入です。もう一つ、20歳代の教職員のアンケート記入には、「なぜ部落差別規制法に反対するのか、理解に苦しみます。人権連は部落差別は〝ない〟ことを前提に、法や条例に反対しているのでは？」とありました。

これは、福岡県地域人権運動連合会（人権連福岡県連）など県実行委員会が、２０１９年11月23日に糟屋《かすや》郡粕屋町の「サンレイクかすや」で開催した第41回福岡県人権問題研究集会で回収したアンケートです。研究集会のメインスローガンは「人権をタブーも忖度《そんたく》もなく自由に本音で語る」としたことから、でてきた参加者の本音だと思います。研究集会には自治体の職員、教職員、地域の社会教育関係者、労働組合、民主団体、人権連会員など740人が参加しました。「人権問題分科会」は、杉島幸生弁護士（関西合同法律事務所）に「インターネット上の差別表現と法規制の問題を考える」で報告してもらいました。この分科会に参加した部落解放同盟の役員は、「私たちの子どもは、将来いつ差別されるかビクビクして生活しています。差別解消法はそんな不安を取り除くために必要では」と意見をだしました。

分科会での発言といい、アンケート記入内容といい、これまでの研究集会では見られなかったことです。「人権をタブーなく本音で自由に語る」研究集会としたことから、本音トークは当然です。山田朗氏（明治大学教授）の全体会記念講演にならえば、「事実、歴史認識は立場が違えばそれぞれ違う。複合的な見方、考え方がもとめられる」ということでしょうか。

二　33年間、16兆円の同和対策事業の成果

全国の「同和地区」を対象に実施された同和特別対策事業は、33年間で16兆円が投入され、2002年3月31日をもって終結しました。総務省地域改善対策室は、2001年1月26日付で「今後の同和行政について」をまとめ、関係各省庁と都道府県の主管部局に通達しました。この中で「特別対策を終了し、一般対策に移行する主な理由」として、「1．特別対策は、本来時限的なもの。これまでの膨大な事業の実施によって同和地区を取り巻く状況は大きく変化。2．特別対策をなお続けていくことは、差別解消に必ずしも有効

ではない。3．人口移動が激しい状況の中で、同和地区・同和関係者に対象を限定した施策を続けることは実務上困難」と結論づけています。

さらに総務省地域改善対策室は、２００2年3月に「特別措置法の終了―実態的差別論の終焉―」と題して同和特別対策事業を次のように総括しています。

「国、地方公共団体の長年の取り組み等によって、劣悪な生活環境が差別を再生産するような状況は改善され、また、差別意識解消に向けた教育・啓発も様々な創意工夫のもとに推進されてきた。特別対策をなおこれ以上続けることは、差別解消に有効ではない。」とし、さらに「成果とともに反省すべき点があったことも事実」として3つの反省を挙げています。「第1は、同和問題解決のための同和行政がいつしか事業を実施するための行政となった側面があること。第2は、（対象地区内外の）格差を強調して特別対策を継承したことが、同和地区に対するマイナスイメージを固定化させたこと。第3は、行政の主体性が確立していなかった側面があること。同和問題が行政と民間運動団体との間だけのものとなりがちになり、住民間の広範な議論が十分に行われてきたとは言い難い。」

この成果と反省を踏まえ、２００2年に同和特別対策事業を終結させるにあたり、国は全国の生活実態調査と意識調査を分析し、審議会で各界からの意見を聴取し、議論を重ねるなど万全を期して終了させました。そして、『同和行政史』を編集・刊行（非売品）しました。

三　「部落差別解消推進法」は百害あって一利なし

国の同和特別対策事業終結（２００２年）から14年目の２０１６年、突然「部落差別の解消の推進に関する法律案」が議員提案され、12月に可決・成立しました。

「部落差別解消推進法」には、次のような問題点があります。まず第１に、部落差別の定義がないことです。２０１６年６月、国会で全会派の賛成で成立させた在日韓国・朝鮮人に対する差別扇動行為を規制した「ヘイトスピーチ対策法」では、何がヘイト行為に当たるかを定義しています。ところが、この法律の提案者すら「法律上の定義を置かずとも部落差別の定義は極めて明快」「一般的に国民が理解しているものと思っている」などと部落差別の定義は曖昧模糊《あいまいもこ》としています。清水忠史委員（日本共産党）が、政府関係者に「部落差別が国民の中に定義として浸透しているというが、国の調査で国民の１００％がこの部落差別について知っていますか」と質したところ、「部落差別という用語を用いたり、部落差別を定義したものはない。そのような調査もしていない」（盛山副大臣）と説明しています。

第２に、同和特別対策法は時限法でしたが、この法律は恒久法です。「差別意識」という個人の内心の問題を法律で規制しようとしています。部落差別の定義はなく、どのような言動を誰が部落差別と認定するのかも不明です。個人の思想・信条、表現の自由に抵触しかねません。

第３に、「部落差別の実態に係る調査」（第６条）の問題です。旧同和地区を掘り起こし、地域住民の誰が旧部落住民かを１人ひとり洗いだして調査をすることになります。これはプライバシーの侵害であり、基本的人権を蹂躙《じゅうりん》するものです。部落差別の解消の推進どころか、部落差別を固定化・永久化させかねない時代錯誤の内容です。

四　「同和地区」を残す時代錯誤の「福岡県部落差別解消条例」

福岡県は２０１９年２月、部落解放同盟（「解同」）福岡県連から「２０１７年度にネット上の差別事象が41件あった」と言われたことを理由に、１９９５年に制定した「福岡県部落差別事象の防止に関する条例」（２０１８年までの23年間、知事がこの条例に基づく調査中止などの指導や助言・勧告を行った例は一度もありません）を「部落差別の解消の推進に関する法律」に接ぎ木して、「福岡県部落差別の解消の推進に関する条例（案）」として県議会に提案しました（条例全文は巻末**資料2**参照）。

「条例」改正の理由に挙げられた「インターネット上の差別事象が41件」ですが、福岡法務局「平成29年中の『人権侵犯事件』の状況について」（概要、平成30年３月20日）では、「新規受付総数４７６件」の内「同和問題」は2件のみです。「解同」が問題にしているインターネット上の「人権侵害事件」は、「新規38件」と「旧受付24件」の合計62件です。法務局によれば、これらは「当局で調査した結果、当該情報は、被害者のプライバシー及び名誉を侵害するため、当該サイトの管理者等に削除要請し、当該サイトは削除された（措置：要請）」として処理されています。これらすべてが「同和」関係の事件だとするのには無理があり、「解同」の主張には根拠がありません。

同和対策特別法時代には、「差別落書き」は個室空間（トイレなど）で発生していましたが、ネット社会では個人が「自由」に書き込みできる私的生活空間上で発生しています。書き込みの内容も、運動団体の確認・糾弾行為や同和事業に絡む利権などに対する批判、旧同和行政施設の例示などの他、悪質な誹謗・中傷、抽象的な揶揄《やゆ》など無責任で面白半分のものもあります。

運動団体の確認・糾弾行為や同和事業に絡む利権については、運動団体が社会的に反省し、説明責任を果たすことが求められます。旧同和事業の施設の例示については、部落差別につながるかどうかは、その使われ方が問題（杉島幸生弁護士）となります。悪質な誹謗・中傷の類は、社会的世論と理性ある言論・表現で克服すべきことです。「ネット上の深刻な差別落書きを規制する」として、「条例」で規制しようとする提案には違和感を覚えます。

人権連福岡県連は、「条例案」の問題点を指摘して県議会各会派に「今県議会への拙速な提案を行わないこと」を請願しました。最大会派の自民党や第2会派の国民民主党の議員数人から、個人的に「人権連さんが反対の請願を出してくれてほっとした」とお礼を言われましたが、県議会本会議や担当委員会での質疑はありませんでした。本会議で反対討論したのは、日本共産党の高瀬菜穂子団長ただ1人です。人権連福岡県連代表10人が傍聴した委員会では、質疑はなく「沈黙」、同和大政翼賛会を露呈して見せました。県議会には、まだ「解同・同和」タブーが根強く残っています。

福岡県が全国の都道府県に先がけて「条例」制定に走ったのは、組坂繁之氏（「解同」中央・福岡県委員長）の「お礼とお願い」（要請文）に対する「忖度《そんたく》」です。組坂繁之氏は、「法律」施行（12月16日）3日前の13日付で、「この法律は『部落差別は社会悪である』との理念を柱とした内容である。法制定がゴールではなく、むしろ今からがスタートである」とする「お礼とお願い」（要請文）を福岡県下の市町村長、教育長、議会議長に送りつけています。この要請が、県下自治体での条例制定への圧力になっているのです。

「県条例」の中で、とりわけ問題なのは第8条です。第8条では、「同和地区」は依然として「存在」しているとして、「同和地区」住民への差別事象（結婚・就職）の発生の防止を規定しています。

しかし、前述した「今後の同和行政について」（2001年1月26日）で、「特別対策を終了し、一般対策に移行する主な理由」の1つとして、すでに「人口移動が激しい状況の中で、同和地区・同和関係者に対象を限定した施策を続けることは実務上困難」があげられています。また法務省は、全国地域人権運動総連合（全国人権連）との交渉の場で、「今日、法的に同和地区は存在しない」と明言しています。大阪府や岡山県は、「今日、もはや同和地区は行政的には存在しない」ことを表明していますし、北九州市も「法的には同和地区は存在しない」と明言しています。「同和地区」の存在を前提にした「条例」は撤回されるべきです。

さらに「県条例」第10条は、「県民及び事業者の責務」として、県民に対して「県が実施する施策に協力する責務」と「同和地区への居住に係る調査を行い、依頼し、又は受託する行為、調査に関する資料等を提供、教示又は流布する行為その他の結婚及び就職に際しての部落差別事象の発生につながるおそれのある行為をしてはならない」と規定しています。問題なのは、「おそれ」といった一方的な「見込み・予測」で県民の内心の自由に踏み込んでいることです。

五　福岡県で発生した「解同」絡みの不祥事

福岡県では、これまで同和行政をめぐって、福岡市と北九州市での「同和行政窓口一本化是正裁判」をはじめ、北九州市での同和事業用地購入にからむ土地ころがし疑惑事件、「解同」の糾弾による「小郡中学校校長自殺事件」、暴力団が介在した北九州市八幡西区での10億円の斎場建設事件、「解同」支部役員によるエセ同和行為「立花町連続差別はがき事件」、県民９０４人が原告団となって提訴した偏向同和教育是正の住民訴訟など、部落問題解決に逆行する県当局と運動団体の不祥事が相次ぎました。これら一連の不祥事が、県民世論に与えた部落問題の解決へのマイナスイメージは計り知れません。

福岡県に求められていることは、「解同」偏重の「人権」行政及び人権・同和教育、啓発を廃止することです。「部落差別解消推進法」はその名称とは裏腹に、部落（差別）問題を固定化・永久化させる危険性をはらんだ法律であることを真摯《しんし》にうけとめ、衆議院・参議院法務委員会の「附帯決議」を厳格に遵守することが、失われた行政の主体性の確保をとり戻すことにつながります。

参議院法務委員会の「附帯決議」が指摘する「過去の民間運動団体の行き過ぎた言動等」とは、①１９７４年11月の兵庫県立八鹿高校教職員への集団暴力事件、②１９７０年代以降20年以上にわたって広島県内で発生した確認・糾弾による校長など教育関係者16人以上の自殺事件、③１９７７年２月の北九州市での行政と運動団体の糾弾行為による三菱鉱業セメント苅田工場副場長の自殺事件、④「解同」、同和会幹部役員と北九州市がらみの公有地取得に絡む構造的な土地ころがし事件、⑤１９９２年７月の大分県立三重高校校長の自殺事件、⑥１９９３年10月の福岡県小郡市の市立小郡中学校校長の自殺事件、⑦１９９９年12月の三重県立松阪商業高校校長の自殺事件などです。これらは、いずれも「差別者」とされた人々に対する「解同」の一方的な糾弾の結果、生じた惨事です。

こうした糾弾によって、市民や行政、企業、議員などに「同和はこわい問題」「避けたほうがよい」という意識を発生させ、同和問題に対する新たな差別意識を生みだしました。そして、「同和は厄介《やっかい》だ」という空気の中で、エセ同和行為・同和利権が横行したのです。

１９８６年12月に出された地域改善対策協議会「意見具申」は、「部落差別の解消を阻害していたあらたな要因」として次の４点を指摘しました。

①行政の主体性の欠如
②同和関係者の自立、向上の精神の涵養の視点の軽視
③民間運動団体の行き過ぎた言動に由来するエセ同和行為
④同和問題についての自由な意見の潜在化傾向

これらの新たな問題が、今日部落問題の解決を遅らせている最大の要因です。

六　自作自演、６年間に連続44通の「エセ部落差別はがき事件」

福岡県立花町（現在、合併して八女市）で、２００３年から２００９年までの6年間に、「解同」支部員（町の嘱託職員）による自作自演の連続「エセ部落差別はがき事件」が発生しました。立花町が位置する福岡県南の自治体や「解同」は、「悪質な差別事件。この事件が解決しなければ部落問題は解決しない」と大騒ぎしました。

この「エセ部落差別はがき事件」の背景には、「部落差別がある限り同和行政はつづけなければならない」とする自治体の「行政無限責任論」があります。事件当事者の「解同」支部員は、行政が「解同」という運動団体に屈服していることを巧妙に自己保身に利用したのです。

いまひとつの問題は、行政側が部落差別の「認定権」（そもそもそんなものは存在しません）を「解同」に委ね、確認・糾弾行為を容認して、行政の主体性を放棄していることです。「エセ部落差別はがき事件」は、2009年10月、福岡地裁八女支部で「巧妙かつ悪質」な犯行として懲役1年6カ月、執行猶予4年の有罪判決が言い渡され、被告の控訴がなかったことから判決は確定しました。

裁判で被告は、供述調書のなかで「行政は同和問題にとりくんでいたので（差別ハガキの）被害者になれば、解雇しにくくなり、継続してもらえると思った。雇用を継続しないと行政は差別に加担したとして同盟から追及されるので雇用は継続すると思った」と素直に、「解同」の糾弾行為の威力を認めています。

「解同」福岡県連も、この事件にかかわる「最終見解と決意」で「公判でも明らかになったように、『差別事件を偽造すれば糾弾が行われ、行政当局が要求を受け入れてくれる』という思惑が存在した。そのような発想や体質は彼個人だけの問題ではなく、県連の組織全体の問題として重く受け止めなければならない。運動の中に、同盟員の中に『糾弾(会)で行政に圧力をかけ、屈服させ、自分たちの要求をのませる』という発想や風潮、体質がなかったのか。今回の件は、まさにそのような悪しき体質が、厳然として存在していたことが明らかになった」と認め、さらに「行政要求（交渉）」について「特別措置が終わった今日でも、『部落大衆の生活は厳しい』という旧態依然とした手法だけを声を大にして主張することによって、要求を実現する体質がまだ蔓延」していると自己批判しました。

「事件」当時、「解同」は「エセ部落差別はがき事件」を奇貨として「人権侵害救済法」の早期成立を国会や地方自治体に迫っていましたが、「解同」支部員の自作自演の捏造劇《ねつぞう》とわかり、天下に大恥をさらしました。加えて、２００９年7月の参議院選挙で、「解同」本部書記長と「人権侵害救済法」成立に熱意を燃やしていた千葉法務大臣が落選しました。大阪・京都・奈良で露見した飛鳥会事件など一連の同和利権をめぐる「解同」役員らの破廉恥《はれんち》な振舞いは、「部落解放運動」に対する世論の批判を浴び、地域社会は「解同」を冷めた目でみるようになりました。これは、「解同」のいう根深い「差別意識」ではありません。社会悪を否定する市民モラルの問題です。

七　本音で語れる言論で残った課題解決を

福岡県人権啓発センター（春日市）は、２０１９年7月から9月末までの3カ月間、第47回特別展「部落につながる『私』たちから見える景色〝ＭＹ　ＳＴＯＲＹ〟Ｓ」と題した30～40歳世代の男女8人による追体験型写真展を開きました。8人は、個人としての体験から前向きに部落問題解決を問題提起し、ＮＨＫでも放映されました。期間中、延べ４０００人が訪れています。

特別展で配布された冊子には、「インターネット上の部落差別について」が紹介されています。そこには、インターネット上の部落に対する偏見情報として、ＡｂｅｍａＴＶ製作の「部落ってナニ？」（２０１８年11月）に対する反応が記載されています。記事読者からのコメントで1万件超すものは、「部落差別がなくならないのはエセ同和行為が一番の原因」２３９３７件、「住環境整備をすることで特別な意識が生まれる」２７２１４件、「公務員採用などの逆差別がある」２４１３８件、「その地域の学校だけクーラーがついている」２０２８７件です。これらはいずれも「同和優先」に対する批判です。

最後に、いまだに運動団体言いなりの同和団体対応型行政が行われている事件を紹介します。

２０１９年11月7日、「西日本新聞」夕刊が社会面に4段の大見出しで「覚醒剤泳がせ捜査で逮捕　県警―組幹部ら4人密輸容疑」と報道しました。記事中に「福岡県香春町によると、逮捕現場になった工場は町の所有。１９８０年ごろから別の団体に無償貸与され、現在は複数の業者が自動車の修理工場などとして使っている。町の担当者は（工場の）運営などは団体にまかせている」とありました。人権連福岡県連と田川地区協議会の現地調査に対し、香春町は「全日本同和会田川地協自動車整備組合に雇用促進を目的に土地、建物を無償貸与した」と説明しました。事件は「指定暴力団太州会」系組員2人と元組員、工場関係者の4人が関わっています。この工場関係者は同和会所属ですが、容疑不十分で釈放されたと説明し、町として深刻に反省している風もありません。

国の同和対策特別事業はすでに終了しています。しかし、「解同」や全日本同和会組織が「活動」している自治体では、「差別が一件でもある限り同和行政はつづける」と約束させられ、市民の身近なところに半ば廃屋になった同和事業施設が放置されたままです。私の校区でも、広い敷地に「昭和57年度同和対策事業えのき茸センター」と大書きされた工場建物が風雨に晒《さら》されています。この廃屋施設の前に幼稚園・保育園のキッズ施設があるものの、敷地が狭く不便なままです。子どもを預けている若い父母たちは、この状況を横目に眺めながら、どう思っているのでしょうか。

おわりに

人権問題研究集会のアンケートにあった「不幸にも…我々の心の中に潜む差別意識」とは、地域社会での具体的な経験とは無関係に生まれるものでしょうか。「人権分科会」で杉島幸生弁護士は、「運動団体は過去の不祥事について真摯に反省しなければ、部落問題での理解は得られない」と辛口に感想を述べられましたが、人権運動にかかわるものとして重くうけとめなければなりません。

部落問題解決にとっても、強面《こわもて》なとりくみでは心から打ち解けた相互理解はできません。人権問題は、だれもが本音で自由に意見表明できる言論環境なくしては解決できません。今後、行政の側が運動団体に対して対等平等に主張できるように、運動の側が積極的に自由な言論環境づくりをするべきです。法や条例による規制では、県民や市民が同和行政に対して抱え込んでいる疑念を払拭できません。

部落問題の残された課題の解決には、「部落差別解消推進法」や自治体の「条例」は、県民・市民を萎《い》縮《しゅく》させるだけで逆効果にしかなりません。解決の本道は、県民・市民が「人権行政」に対して、本音で自由に意見が言える言論市場の実現です。なにごとも「特別扱い」をしてはなりません。それが私たちの運動に求められているのです。

第七章　「奈良県部落差別の解消の推進に関する条例」の制定について

山村　さちほ

一　条例制定の提案

奈良県議会では、２０１８年11月に、各派連絡会において、川口正志議長から、部落差別解消のための条例を議員提案という形で制定したいと提案がありました。川口正志議長は、県議会の所属会派は「創生奈良」ですが、部落解放同盟奈良県連合会執行委員長として、奈良県での部落解放同盟の運動を推進してきた人物です。

1．条例制定の趣旨

条例提案の背景として、同和対策法失効後16年経過したが、部落差別は依然として存在しており、部落差別の解決のために、国が「部落差別解消推進法」（２０１６年）を制定したことをあげています。

奈良県が、今なお存在する部落差別を解消する施策の推進を図るための理念条例を制定することは、「地方公共団体は…その地域の実情に応じた施策を講ずるよう努めるものとする」（「部落差別解消推進法」第3条2項）との規定に基づくものであり、県が条例を制定することで、市町村への波及が期待されるという説明でした。

2. 拙速な条例制定

川口議長は、県会議員選挙前の２０１９年3月議会に条例を提案すべきだと強く主張したため、議会内のすべての会派で構成する政策検討委員会で議論することになりました。最初の検討会議は２０１８年12月11日、その後3回の検討会議のあと、パブリックコメントを実施しました。その後、３月議会の文教くらし委員会に付託され、本会議で議決されるという超スピード審議で制定されました（条例全文は巻末**資料2**参照）。

奈良県議会で議員提案条例として制定された「手話言語条例」は、５回の勉強会の開催、県外視察なども行った後、７カ月間の検討を重ねたことから見ても、拙速です。

二　条例案の問題点

1. 日本共産党県議団の主張

日本共産党県議団は、①同和対策特別法が終了して、同和地区そのものがなくなっており、教育や暮らしの面（社会的・経済的・文化的な生活水準）でも格差がなくなり、人的交流も進み、部落差別の実態がなくなっているもとで、条例の制定は必要ないこと、②インターネット上の差別的言動は、条例とは別の問題として対応すべきこと、③「部落差別とは何か」の定義がないのに、だれかが恣意的に差別だと認定すれば、際限なく乱用されるおそれがあること、④改めて部落差別を定義したり、調査をしたりすれば、かえって差別を生みだし、分断を助長すること、⑤住民の内心の自由の侵害につながりかねないこと、といった意見を述べて、条例制定に反対しました。

奈良県では、乱脈・不公正な同和行政、運動団体による教育現場への介入や差別糾弾による人権侵害・暴力事件が多発してきたという歴史の反省から、「差別のない社会」は、ことさら差別を言い立てて取り締まるのではなく、互いに人間として理解しあえる関係を築いていく社会をめざすことが必要ではないかと訴えました。

しかし、他の会派は、当初慎重に議論すべきだと言っていたのに、議長の圧力に負けて条例を作ることに賛成してしまい、なし崩しで拙速な制定となってしまいました。

日本共産党県議団は、制定を止めることはできない状況でしたが、政策検討委員会の中で、制定を急がず、議論・検討を深めるべきと提案しました。

また「部落差別が、顕在化、潜在化、充満しているというが、本当にそうか、現在は、顕著な差別がなくなってきている。」「理念法といいながら、具体的な内容が含まれている。」「国の法制定時には、附帯決議があり、運動団体との関係は厳しく排除しなければならないとされているのに、条例案には、運動団体と連携するとされているのは問題である。」「県が調査を行うというが、新たな差別が生じることは、行うべきでない。」といった意見をのべ、条例案の見直しを迫りました。

2. 他会派の主張

自民党会派からは、「調査を行う」となっているが人権侵害にならないか、理念条例と言いながら、審議会の設置や調査の実施といった具体的な内容がふくまれているのではないか、運動団体との関係やあらたな公費を投入する事業はやるべきではない、といった意見がだされました。

公明党会派からは、「奈良県あらゆる差別の撤廃及び人権の尊重に関する条例」（1997年）とどう違うのかとの意見がだされました。しかし、公明党会派は、その後の委員会には一度も出席しませんでした。

自民党絆会派も、初回のみでその後のすべての会議を欠席しました。

三　条例案の変更

わずか4回の短期間の委員会でしたが、議論の結果、当初の案からは、いくつか内容が変更されました。

①相談体制

当初案では「第4条　県は、国、市町村と連携して県民や部落差別解消にとりくむ関係団体から部落差別に関する相談に応じるため、または人権侵害を被った県民から救済の申し出があった時の体制を図るよう努める」となっていましたが、「第6条　県は、部落差別に関する相談に的確に応ずるための体制の充実を図るものとする」に変更されました。

②教育・啓発

「県は、学校教育及び社会教育における教育・啓発の内容や方法に関して国・市町村・関係団体等と連携し、関係団体及び個人の支援に努める」（第5条の2）となっていた部分は、削除されました。

③調査の実施

新たに「第5条の2　県は、前項の調査を実施するに当たっては、当該調査により新たな差別が生じないよう留意しなければならない」との項目が書き加えられました。

④まちづくりの推進

まちづくりの推進に関する「第6条　県は、部落差別を解消するうえで、人権のまちづくりが重要であることを踏まえ、まちづくり運動の推進に向け、必要な支援を行う」は、削除されました。

⑤推進体制の充実

「第8条　県は部落差別の解消に関する施策を推進するため、国、市町村及び部落差別の解消に取り組む関係団体との連携を深めるとともに、県の組織の整備または充実に努める」は、「県は、国及び市町村と連携し、部落差別の解消に関する施策を推進する体制の充実に努めるものとする」に改められました。

⑥審議会の設置

「第9条　県は、部落差別の解消に関する施策を審議するため、県部落差別解消推進審議会をおく」についても削除されました。

このように、私たち県議団が意見を述べる中で、各会派からも意見が出されて一定の変更がされました。２０１９年2月8日から2月25日までの18日間という短期間で、急遽《きゅうきょ》おこなわれたパブリックコメントには、３２２人（団体）から、約４５０件の意見が寄せられました。このうち、賛成が３１４、反対8という結果でした。短期間にこれほどの数の意見が寄せられるのは珍しいことで、賛成派によって組織されたことがうかがえます。

このパブリックコメントの中でも、調査が新たな差別を生みだすことになるのではないかという意見がだされたため、「調査の実施」（第5条）に留意事項が書き加えられました。

おわりに

本会議での条例案の採決では、日本共産党の5名以外、全員が賛成しました。条例は制定されましたが、県民と共同して、県として調査を行わせないことや条例によって新たな問題が生じることないように、十分に監視していきたいと思います。

さらには、本来の差別のない社会を作るためにも、条例そのものの廃止を求めていきたいと思います。

第八章　飯塚市における同和対策終結のたたかいと条例改正

川上　直喜

はじめに

福岡県飯塚市（人口約12万8000人）は、2006年3月に1市4町（飯塚市・穂波町・筑穂町・庄内町・頴田町）が合併して発足しました。このとき、それぞれの旧自治体が持っていた関係条例を調整して、新たに「人権擁護に関する条例」が制定されました。2018年3月議会において、この条例が、「部落差別解消推進法」に沿うようにと一部改正され、「部落差別をはじめあらゆる差別の解消の推進に関する条例」として賛成多数で可決・成立し、翌月施行となりました（条例全文は巻末**資料2**参照）。

飯塚市では、合併から13年にわたる部落解放同盟への補助金の不当性、公共施設への不法入居を追及し続けて是正の流れをつくりだし、同和対策施設条例と同和会館の廃止を実現しました。また、同和対策事業で整備されたものの、現在は特定目的を廃止した市営住宅の一般公募に道を切り開きつつあります。

市政のゆがみをただすたたかいは、市と部落解放同盟がなれあいのもとで作り上げ、議会多数派が追随《ついずい》して成立した改正条例の矛盾を明らかにすることによって世論は高まり、さらに前進すると確信しています。

一　部落解放同盟と協議のうえで条例改正

条例改正について市が説明した主な点は、①題名の変更、②相談体制の整備、③実態調査の実施です。

２０１９年度になって、相談体制として人権相談員２人（再任用職員と嘱託職員）配置し、法律顧問の弁護士も依頼しました。その業務は、①部落差別をはじめあらゆる差別の相談に応じ、相談者への助言、指導、支援に関すること、②訪問相談に関すること、③関係機関などとの連携・調整に関すること、④その他です。関係機関などには、公的機関のほか部落解放同盟など関係団体が含まれます。

意識調査としては5年ぶりになりますが、「第２次飯塚市人権教育啓発実施計画に基づき、あらゆる人権問題の解決に向け、人権教育啓発に取り組んでいる」（２０１９年３月議会での答弁）中で、２０１９年度予算に人権問題市民意識実態調査委託料が計上されました。２０１９年８月からアンケート配布、９月から回収、12月には分析と考察、２０２０年３月末までに報告書提出のスケジュールで行うとされました。委託先は、前回は福岡教育大学教授でしたが、今回は随意《ずいい》契約により福岡県人権研究所（新谷恭明理事長）と決まりました。２００３年に福岡部落史研究会、福岡県部落解放・人権研究所が組織統合して設立され、「部落差別解消推進法」の制定に取り組み、２０１８年7月には啓発担当者のつどい（テーマ「人権意識調査と啓発担当者の役割―部落差別解消推進法の具体化に向けて」）を開催した団体です。

この調査は委託業務なのに、調査の時期・内容・集計・分析を掌握する人権問題市民意識調査検討委員会が設置され、部落解放同盟飯塚市協議会2人、いいづか男女共同参画推進ネットワーク1人、NPO人権ネットいいづか1人、学識経験者1人、市関係課長6人の計11人で構成され、部落解放同盟飯塚市協議会委員長が責任者となりました。予定から1カ月遅れて2019年9月に行った調査は、まず住民基本台帳を使って選んだ3000人に調査票を送り、「礼状兼督促状」（予算検討の時の表現）のはがきを重ねて送付しました。回収率は40・23％（1207人）でした。質問項目32問のうち10問が「同和問題（部落差別問題）」と突出しています（問12には、「自分が当事者である」かとの質問があります）。女性差別、障害者差別、外国人差別は1問ずつです。

この市民調査を追いかけるように、11月には新たな人権に関する問題集を使って全職員研修を行った上で、12月から「市職員の人権問題に関する意識調査」を実施しました。前回の「市職員の人権・同和問題に関する意識調査報告書」（2013年4月）には、個別面接による調査を検討したことが書いてあります。今回の質問項目数は、部落差別問題22、男性・女性の人権問題4、子ども、高齢者、障がい者の人権問題はそれぞれ3、外国人の人権問題2です。

条例改正は、部落解放同盟飯塚市協議会の介入のもとで行われたことが、議会での私の質問で明らかになりました。2017年度、市は部落解放同盟飯塚市協議会と4回にわたって事前協議をしていました。市が条例改正で対応したいとしたのに対して、部落解放同盟は「部落差別解消推進」だけを目的にした新しい条例の制定を要求したというのです。市は議会答弁で、「最終的に調整がつかないまま」に条例改正の提出に踏み切ったという言い方をしました。日本共産党市議団は、合併前からそれぞれの自治体で続いてきた行政と部落解放同盟のなれあいの関係を継続するものとして、改正前の条例制定に反対しました。今回条例改正は、このなれあいの関係をさらにひどくするものであると指摘して、反対しました。

二　なれあいの根底にルール違反の補助金

市と部落解放同盟とのなれあいの関係は、巨額の補助金のやりとりが根底にあります。合併初年度の2006年に、部落解放同盟が市から受け取った補助金は約5632万円（合併前から続いていた6団体の合計）です。これを含めて今日までの補助金の累計は4億2000万円に及びます。交付の理由について市は、「行政の補完行為をしてもらっているから」との説明を続けてきました。

日本共産党市議団が独自に入手した部落解放同盟飯塚市協議会の2006年度決算資料（市担当課が作成し、保存）をもとに議会で追及したことで、補助金の不適正な使途の一部（氷山の一角）が明らかになりました。この決算資料には、飯塚市長選挙について「出陣式（選対事務所）2万5千円」、市議選について「出陣式（選対事務所）7万3千円」の記載がありました。市担当課は、「出陣式参加者25人に対する日当。領収書も確認した」と説明しました。「寄付なら政治資金規正法違反、出陣式参加者への日当なら公選法に触れるおそれがある」と指摘しました。さらに、6団体のうち5団体の研修費500万円は、研修期間、行き先、参加人数が不明のものがありました。

齊藤守史市長（当時）は、「適正に行われているとの認識であったが、今までのことが確かなのか不確かなのかしっかり見ながら、これからの補助金交付等については考えて参りたい」、監査事務局長は「見落としがあった」と答弁しました（２００８年3月議会）。そのあと監査委員は、2年おきに行われる財政援助団体に対する監査結果に関する意見書において、部落解放同盟に対する補助金交付の不適正を繰り返し指摘してきました。市がまともに是正しないからです。その要因に、「部落解放同盟との調整がつかない」という事情があることも議会答弁で浮き彫りになりました（２０１７年9月議会）。

こうして部落解放同盟という団体名での補助金のやり取りがむずかしくなると、市は別の名称を模索しはじめました。たどり着いたのが同和対策推進団体という名称です。実態は部落解放同盟と同和会です。これに係る議会での論戦で、市はすでに同和地区はないと認める答弁をしたにもかかわらず、その直後に同和対策推進団体とは同和地区住民の自立推進に資する団体だと矛盾する答弁をしました。もはや補助金を出す理由はなくなったと自ら認めたに等しいものです。

市と部落解放同盟が深刻な事態に陥り、補助金のやり取りを将来にわたって確保する打開策を求めていた矢先に現れたのが、「部落差別解消推進法」です。条例改正を背景に、補助金交付団体の名称をさらに変更して部落差別解消推進団体としました。部落解放同盟にとっては、同和対策という補助金交付の名目が消滅した中で、それに代わる歪んだ理由づけが新たにできたことになります。

２０１９年度一般会計予算書では、２０１８年度までの同和対策推進団体補助金から部落差別解消推進団体補助金（２２４０万４０００円）へ名称を変えました。部落差別解消推進団体とは、「住民の自主的、組織的な教育活動を促進し、住民みずからの教育水準、福祉の向上を図るため、人権部落差別解消行政と整合性を保ち、部落差別問題の速やかな解決に資するための費用について、部落差別解消対策の推進に資する団体」（２０１９年３月議会における市の答弁）という説明ですが、補助金申請の手続きは一般には公表せず、これまでどおり部落解放同盟と同和会にしか示していないことも明らかになりました。

三　公共施設の目的外使用の是正

市と部落解放同盟とのなれ合いの関係を別の形で示したのが、公共施設の目的外使用でした。合併当初、部落解放同盟は、管理規則に違反して穂波人権啓発センターや筑穂人権啓発センターに入居し、活動を続けていました。

穂波人権啓発センターについては、議会での私の指摘を受けて退去したとの説明があった後も、実際には行政の容認のもとに従来のまま活動を続けていました。私が現場を視察して、机の上にあるパソコンに部落解放同盟のシールがあるのを見つけて質問すると、「退去する時に持ち出すのを忘れたのではないか」と言いました。スチール製のキャビネットいっぱいの資料の中に「全国書記長会議」と書いたファイルを見つけて、「このキャビネットの中のものはすべて市の資料か」と尋ねると「そうだ」と答える始末でした。「それでは、このなかのすべての資料を情報開示請求する」と話すと、部落解放同盟の幹部がやってきて「これてください。すべてうちの資料です」と認めて、その後撤去するということもありました。

四　市民の内心の自由と研修会参加目標の追求

人権啓発事業は、部落解放同盟の方針でつくられた「ＮＰＯ人権ネットいいづか」に対し、随意契約で独占的に委託されています。このＮＰＯは、それまで市が公民館に指導員を配置して展開してきた活動スタイルをほぼ継続しています。人件費が委託料に姿を変えた形です。委託料は、合併後だけでも合わせて4億5０００万円にのぼります。事業活動では、部落解放同盟の主張するテーマが中軸にすえられています。第二次総合計画では、人権同和教育・啓発講演会などについて目標達成指標を決めて、参加者数を１３０００人、「内容を理解している参加者の割合」を90％に大幅に引き揚げるとしています。市が人権啓発研修会への参加目標達成を追求することで、市民の内心の自由が侵害されないか心配されます。

五　一般施策への移行のはじまり

「同和対策施設条例」が２０１８年12月議会で廃止され、かつて同和対策事業で整備した3施設（納骨堂、農機具保管庫、農業共同作業所）は一般施策へ移行し、新たにつくられた市立納骨堂条例、農業施設関連条例のもとで管理されることになりました。

これらの施設の一般施策への移行を私が要求したのは、２００８年6月議会です。同和対策事業が終結した現在、なお同和対策施設として所在地を条例で明らかにする必要はないと、くり返し議会で取り上げてきました。一般施策への移行に10年を要したことについて、市は、部落解放同盟が「同和対策事業で勝ち取った成果だからこのままでよい」と主張し、調整が難航したというのです。

この条例廃止とあわせて、同和会館・人権啓発センターも人権啓発センターとして整理されました。

六　一般公募の提案

かつて同和対策事業で建設し、現在は一般住宅となった市営住宅（３３０戸）の空き家について、市は一般公募を一度も行っていません。部落解放同盟の推薦がなければ入居希望を受け付けない仕組みが、一貫して続いています。この状況は公営住宅法および市営住宅条例に照らして違法状態にあり、住民監査請求の対象になると私はくり返し指摘してきました。

２０１９年３月議会では、私は片峯誠市長に２つの提案を行いました。①公営住宅法と本市の市営住宅条例からの逸脱を打開するためには、これらの住宅を対象にした一般公募を期限を定めて開始する、②条例と規則に規定のある優先入居については、市長が必要だと認める特別の事情に該当する場合は、どの団体及び個人の推薦があろうとなかろうと当事者の申請により入居を認める基準を明確にすることです。この２つの点を同時に行うことにより、法令違反状態を打開することと、住宅に困窮する市民の願いに応えることができると考えると発言しました。これに対して市は、「関係団体と協議を行う」と答弁しました。この点については、部落解放同盟の一般のメンバーからも、「一般住宅として市が責任を持って一般公募する時代になった」との声も上がっています。

「部落差別解消推進法」と改正条例が、市と部落解放同盟のなれ合いの関係、団体幹部に対する特別あつかいをひどくしかねないとの指摘と批判が、市民や市職員ばかりか、この団体の関係者からも寄せられています。「部落差別解消推進法」とそれによる逆流を許さず、公正な市政をつくるために立場の違いをこえた共同の発展が期待されます。

第九章　高知県土佐市の人権条例の批判

村上　信夫

高知県土佐市では、２０１８年12月市議会定例会で、「土佐市人権尊重のまちづくり条例」（以下、人権条例）案が提出され、賛成多数で可決されました（条例全文は巻末**資料2**参照）。施行は２０１８年12月18日からです。議会では2名の議員が質問しました。私は、人権条例案の問題点を指摘する立場で論戦を行いました。もう１人の議員は、人権条例案を評価する立場でした。採決にあたっては、反対討論を行いました。条例の問題点について議会の論戦などをもとに紹介します。

一　人権条例案の内容と提案理由

1．人権条例案の内容

人権条例案の目的は、憲法と「部落差別解消をはじめとする差別の解消を目的とした法令の理念にのっとり」、「部落差別をはじめ、女性、子ども、高齢者、障害者、外国人等の人権に対するあらゆる差別の解消を推進し」、人権が尊重されるまちづくりをめざすことです。人権条例案は、そのために相談体制の整備、教育・啓発活動の充実、意識及び実態に係る調査の実施を定めています。さらに市民には、市や国・県が実施する差別解消を目的とした施策に協力するよう努めるものとしています。また、目的を達するために必要な事項は、土佐市人権啓発推進委員会で審議するとしています。

2. 人権条例案の提案理由

人権条例案の「提案理由」（議会初日に市長が表明）では、「部落差別をはじめ、子ども、高齢者、女性などに対する人権侵害の問題は依然として存在」する中で、「障害を理由とする差別の解消の推進に関する法律」「本邦外出身者に対する不当な言動の解消に向けた取組の推進に関する法律」「部落差別解消の推進に関する法律」の3法が成立しました。条例制定後は、「日本国憲法やこれらの差別の解消を目的とした法令の理念にのっとり、人権尊重のまちづくりを一層推進する」と説明しました。

つまり、部落差別をはじめとした人権侵害が依然としてあるので、「部落差別解消推進法」「障害者差別解消法」「ヘイトスピーチ解消推進法」の3つの法律にそった理念で条例をつくるということが、「提案理由」でした。

二　人権条例案をめぐる論議

1．同和対策は一般対策で対応することが流れ

まず問題としたのは、同和問題に対する特別対策は2002年3月で終了し、以後は一般施策で対応していることです。部落問題については、障害者差別やヘイトスピーチ問題とは対応が異なっているのに、同様のものとして扱っていることです。具体的に考えると、ヘイトスピーチ問題では、土佐市内で集会が行われるような差し迫った状況はありません。外国人への対応では、外国人雇用の拡大に対応した相談体制や、失踪者が相次ぐ中での外国人労働者の雇用確保が求められています。障害者問題では、啓発・教育とともに、障害者が生活していく上での社会的バリアをなくす具体的な行動が求められます。

一方「部落差別解消推進法」は、国会答弁でも「財政出動につながるものではない。理念法」であることが強調されました。ですから、これと「障害者差別解消推進法」「ヘイトスピーチ解消推進法」を同様のものとして扱うには無理があります。さらに、同様のものとして扱うことで、同和問題の解決を一般対策で進めるという流れと逆行する方向が打ち出されることが懸念《けねん》されます。

しかも、人権条例案では同和問題を特に重視する組み立てになっています。「日本国憲法及び『部落差別の解消の推進に関する法律』をはじめとする」として、3法の中で「部落差別解消推進法」だけをとりあげています。「部落差別」の特別扱いです。私は、同和問題の一般対策化の流れに逆行するのではないかと、総務省が2002年3月に示した3つの「特別対策を終了する理由」を指摘しました。

また、土佐市のこれまでのとりくみと照らしても逆向きではないかと問いました。土佐市でも、この間同和問題の一般対策化がすすめられてきました。団体補助金は段階的に廃止され、団体交渉の在り方も改善さ

高知県の同和問題に対する人権侵害事例・差別事象

年度（平成）	6	7	8	9	10	11	12	13	14	
件数	51	51	21	37	48	28	21	32	36	
内：ネット	0	0	1	2	0	1	0	2	2	
年度（平成）	20	21	22	23	24	25	26	27	28	29
件数	54	16	6	17	8	20	21	9	4	5
内：ネット	0	0	2	6	2	2	4	1	0	0

1）平成15～19年度分の調査データは掲載されていない。
2）ネットは、インターネットの略
（高知県ＨＰ「高知県の人権について」より）

れてきました。人権条例については１９９８年に高知県人権条例が施行され、その後県内の市町村で人権条例の制定が進みましたが、土佐市は人権条例は制定しませんでした。

２．部落差別はどれほどあるのか

「部落差別」を重視する組み立てになっている理由は、「部落差別をはじめ」とした人権侵害が依然としてあるということです。

それでは土佐市の実情はどうでしょうか。議会で同和問題での相談件数などの現状を問いました。土佐市の同和問題での相談は、過去10年間はありませんでした。差別事象は、過去10年間では年間０件から１件の発生にすぎず、内容は「差別落書き」「差別発言等」でした。

この問題を深く考える上では、過去の詳しいデータが必要ですが、議会には示されなかったので、高知県の状況を見てみます。高知県は、毎年ホームページで「高知県の人権について」を報告しています。それをみると、平成29年

相談件数（平成29年度）

同和問題	15件	県人権課と人権啓発センターで
高齢者	519件	県高齢者・障害者権利擁護センターで
子ども	453件	児童相談所
女性	2856件	女性相談センターと高知男女共同参画センターで

（高知県ＨＰ「高知県の人権について」より）

度における同和問題の差別事象は５件です。その内インターネットによるものはありません。特別対策が実施されていた２００２（平成14）年以前は、多い時は50件をこえる差別事象がありましたが、その後は減りこそすれ、増えてはいません。また、他の人権問題とも比較してみます。同じく「高知県の人権について」で、相談件数（平成29年度）でみると、女性、子ども、高齢者とくらべると同和問題はかなり少ないといえます。やはり「部落差別をはじめ」という主張には無理があります。

3．3つの質問

その他に議会で３つの問題を指摘しました。１つは、人権条例といっても、もっぱら差別解消を人権の問題にしていることです。女性の社会進出やノーマライゼーション実現のためには条件整備が必要です。外国人の問題では、外国人労働者の失踪が相次いで起こることがないように安心の雇用制度を設けることが大事です。これはもっぱら行政の責任です。人権問題を住民の差別意識だけの問題にして行政の責任が放置されるおそれがあります。すべての人権が尊重されるまちづくりこそ必要ではないかと提起しました。

２つめは、条例第３条「市の責務」で、教育及び啓発活動の充実、意識及び実態に係る調査の実施を予定していることです。何が「部落差別」なのか定義されていないなかで、行政の恣意的な判断による指導や、民間団体の不当な介入を生みだしかねない問題です。市民の内心の自由や表現の自由が侵害される恐れがある問題として指摘しました。

3つめは、第4条「市民の責務」では、市・国・県が実施する「施策に関して協力するよう努めるもの」とされている問題です。「部落差別解消推進法」の「附帯決議」では、新たな差別を生むことがないように求めています。もし新たな差別が生み出されるようなことがあった場合でも、市民の側から批判ができなくなります。市民には、市の施策について自由に批判する権利があります。日本国憲法の内心の自由・表現の自由などを侵害するものにならないかを問いました。

三　人権条例の問題点

土佐市の人権条例案の問題を考えるために、東京都「東京オリンピック憲章にうたわれる人権尊重の理念の実現をめざす条例」(2018年10月5日成立)と比較してみました。ここでは「日本国憲法その他の法令等を遵守し」、また「様々な人権に関する不当な差別は許さない」として、特に差別の対象をあげていません。また第18条では、「表現の自由その他の日本国憲法が保障する国民の自由と権利を不当に侵害しないように留意しなければならない。」と表現の自由を守ることを明記しています。土佐市の人権条例案の問題点は明らかです。

日本共産党の西村導郎市議(当時)が、2002年12月議会で、人権条例について質問をしています。私の議会質問の参考にしたので、紹介します。

まず日本の人権対策は、女性、子ども、高齢者、障害者、同和、外国人、ＨＩＶの７つの人権問題に矮小化する傾向があります。これにはリストラなどの労働者の死活的権利問題が入っていません。

１９９８年の「高知県人権尊重の社会づくり条例」にはこうした内容がみられます。憲法が定める基本的人権には、自由権、生存権、平等権、社会権など幅広い内容があります。基本的人権は本来、国や企業などの社会的権力から国民を守るもの。それを国民間の差別問題、国民の心の問題に矮小化することは許されません。こうした考えで、県条例には民主団体や県民などから反対があったものです。「県内にある幾つかの市町村は、条例を作っていますが、本市は作っておりません。現執行部の皆さんは、必要ないとのお考えをお持ちだ」と評価しています。しかし、本市は作っておりません。そして「人権問題の解決のためには何よりも憲法を守り、憲法にうたわれている基本的人権、その基本的人権を大切にし、具体化することが必要だ」と指摘しました。

森田市長（当時）は、「まず、人権問題の解決のためには、すべての人の基本的人権を尊重すること、すべての人の基本的人権が尊重されることが大切でありますことは、明らかなことであるものと認識しております。したがいまして、その具体化につきましては、いわゆる人権行政、すなわち人権啓発、人権教育のみならず、例えば、健康的で文化的な生活が営め得る収入の保障される仕事の確保のための就労対策、不幸にして仕事ができなくなっても、憲法が保障する必要最低限度の生活を営んでいただけることができるよう取り組む福祉行政、文字どおり健康的な生活ができるよう取り組む健康対策、豊かな自然を保ち、住民の健康を脅かすことのない社会を目指す環境行政、障害がある人や高齢者も快適に生活し、社会参加ができうるまちづくりを目指すまちづくり行政、また、心を豊かにし、潤いのある生活をおくることができうるよう取り組む社会教育、生涯学習等々、行政の総体でもって積極的に取り組んでいくべきものであると思慮いたしております」と答えています。

森田市長（当時）の答弁は、西村市議（当時）の質問とかみ合ったものでした。

2018年12月議会での質問（①もっぱら差別解消を人権の問題にしていること、②教育及び啓発、意識及び実態調査によって市民の内心の自由や表現の自由が侵害される恐れがあること、③市民が市などの施策に協力するように記載されていること）に対する市長の答弁は、次の通りです。

「本条例の制定趣旨につきましては、部落差別だけではなくて、『女性、子ども、高齢者、障害者、外国人等の人権に対するあらゆる差別の解消を促進し、人権擁護を図り、もって差別のない、すべての人の人権が尊重されるまちづくりの実現に寄与することを目的』としておるところでございますので、そのことをぜひ御理解賜りたいというふうに思います。なお、平成12年に施行されました、人権教育及び人権啓発の推進に関する法律の第6条では、『国民は人権尊重の精神の涵養に努めるとともに人権が尊重される社会の実現に寄与するよう努めなければならない』と国民の責務を明記しており、これとも整合性をもった条文であるものと考えております。」

この答弁は、質問にまともに答えたものではありません。人権問題を豊かにとらえた森田市長（当時）の答弁とくらべると残念な内容です。

人権条例案が上程されることは、議会開会の1週間前に議案が配られて初めて知りました。質問もあわてて考えたので不十分なところもあります。人権条例ができたことで、これまで築いてきた人権対策が後退しないよう、今後とも学習に努めてがんばりたいと思います。

第十章　「湯浅町部落差別をなくす条例」について

上野　正紀

２０１９年３月、和歌山県有田郡湯浅町議会は「湯浅町部落差別をなくす条例」（以下、本条例）を可決し、２０１９年10月１日から施行されました（条例全文は巻末**資料２**参照）。しかし、本条例は多大の問題を有しています。

一　「差別」とは何か

差別とは、日本国憲法14条に違反する状態のことです。Ａという人（ないし集団）と他人＝Ｂ（人ないし集団）との間に区別（差）がある場合、その区別が基本的人権を規定する憲法の観点から正当化できない（特に、その者の意志により克服できない属性による区別）事態が差別です。人権侵害の一例であり、人権侵害の結果が生じることにより、差別と判断されます。

二　差別をなくす方向性

差別をなくすための方策を考える場合、問題となる差別の性質により、大きく分けて2つの方向性があります。

1．属性をふまえた方策

右記Ａ・Ｂの属性（障害・性別・年齢・民族など）に着目し、そのような属性のある人（集団）の属性を否定すべきものとせず、むしろ「障害者として」「女性として」「高齢者として」「○○民族として」などの各々の生活の確立を目指して、それらの属性をもつ人々の実態を理解・把握し、そうした属性を持たないグループとの差をなくす方策を講じることにより、平等を実現するという方向性です。その有する属性を科学的・客観的に明らかにすることが、差別解消につながります。

もちろん、右記のような属性をもつ人々が当事者であっても、問題状況によっては一律の扱いが求められることがあります。たとえば選挙権です。一票の価値は同じでなければなりません。障害者でも同様です。ただし、その行使については障害者には特別の配慮がなされなければなりません。

差別と考えられる事象が発生しても、「加害者」の属性により、対応は異なります。基本的人権は本来対（国家）権力との対置の過程で勝ちとられたものであり、容赦ない対抗は対権力との関係です。従って、「加害者」が国民である場合は「説得」が基本となります。「地域改善対策啓発推進指針」（昭和62年3月

17日）でも、「激しく非難し抗議を繰り返したならば、相手の差別感はなくなるであろうか。答えは往々にして否である。」と指摘しています。

2．今1つの方向性

差別事象でも、1の方向性ではなく、その属性に着目するのではなく、むしろその属性の否定を出発点とする方向性が要求される差別が存在します。

すなわち、ある属性をもつ人が、その属性を持たない人より以上の権利・利益が付与されることがありますが、それはそれによって初めて平等になるからです。たとえば、障害・性別・年齢・民族などの場合です。しかし、他の人々と同等の権利を保持することをめざすことが差別の解消となる事案が存在します。この事案は、1とは質的に異なります。かかる事案は、嫡出にあらざる子（婚外子）の問題であり、本稿で問題とする部落差別の問題です。

三　本条例の概要

本条例は、19条から構成されています。その内7条まではほぼ「部落差別解消推進法」（以下、「法」）と同様の規定となっています（「法」とは異なり、定義規定があります。この問題点は後述します。また、部落差別の解消に関する施策を講ずる町の責務を規定しています）。

しかし、8条以降は「法」にはなく、特に11条の「差別行為の情報提供」以下の規定は、私が確認できた範囲ですが、「法」制定後の条例では「福岡県部落差別の解消に関する条例」を除き、他の自治体の条例にも規定がないもので、きわめて特異な構成となっています。

四　部落差別の解消

部落差別とは何かについて、条例にも「法」にも規定がない状況ですが、後述の湯浅町発行の広報文書から見ても、①「部落」に居住していること、②部落出身者（あるいは、祖先が部落出身者）であることを理由として、違いを設けること（劣っているとの前提での言動も個人の尊厳を侵害する）と考えられていると思われます。

このような差別が許されないことは、当然のことです。しかし、そのような差別解消のために「着実に解決に向けて進んでいる」（広報文書「はじめに」）状況で、本条例、特に氏名公表まで規定する条例を制定することが許されるのか、妥当なのかが問われている課題です。

部落差別が、右記の①②であるならば、「部落民として」生きる方策を追求することは、「部落」を地理的に再認定し、その出自を鮮明にすることであり、「部落」との関係を強調・固定することとなり、差別の根幹を再生産することであり、差別の解消に逆行します。

「部落」の存在を受けいれ、肯定することから出発すれば、差別解消とはなりません。特に「部落出身者」（あるいは、祖先が部落出身者）であることを理由とする差別の場合、部落出身という属性を追究することとは、その出自を鮮明にすることであり、「部落民」はどこへ行っても「部落民」という事態を肯定的に評価することになり、差別解消に逆行します。

「部落民として生きる」ことからの解き放《はな》ちこそ部落差別解消の道と考えられます。「部落民」という属性を固定化・永久化することは、差別解消に逆行する事態です。

本条例には、差別者の定義（差別行為を行った個人、法人及びその他団体をいう）があり、差別行為の定義の中に「部落差別」の記載がありますが、「部落差別」の定義はなされていません。しかし部落差別が、右記①②に起因するとすれば、「部落」の存在を確定し、「被害者」のルーツを調査しなければならないこととなります。結局「部落」の固定化・永久化であり、部落差別解消に反すると言わざるを得ません。さらに付言すれば、本条例の審議の平成31年3月議会において、本条例7条に規定されている「湯浅町部落差別解消推進基本計画」（1項）策定のための部落差別実態調査（2項）について、当局側から（調査の対象について）「かつて同和地域の指定を受けた地域を限定しての調査」も考えられる旨の答弁がなされています。「部落」の存在を確定する調査であり、結局「部落」の固定化・永久化につながる調査となります。

部落差別の解消を規定する法規範は、少なくとも同和行政が終了し、一般行政に移行している現時点では、根本的に矛盾を抱えることになります。すなわち、「居住」を問題とすれば、婚姻により当該地域に居住することになったものを「新たに」部落民とすることとなります。また、「部落」の「認定」をどのようにするのか、仮に旧同和地区を「部落」とするならば、それは行政の認定にかかるものですから、行政が「部落」を判定すること、換言すれば「部落」を行政が新たに作り出すことになり、差別解消の方向性と相反することとなります。また「出自」を問題とすれば、「部落」に出自を有する者は差別を受ける救済の対象であり、それ以外の者（部落に出自を有しないもの）は差別する者である、との考え方に行き着くことになりかねません。部落差別の解消のため「部落」「部落民」「部落出身者」を特定・再生することとなります。後述するように、「部落差別」を根拠として処分する本条例のような場合、「部落」「部落出身者」の特定は不可避となり、この矛盾は際立ちます。

五　本条例の問題点

本条例は、その根幹における考え方（「部落」を地理的に再認定し、その出自を鮮明にし、「部落」との関係を強調・固定し、差別の根幹を再生産する）が部落差別解消に逆行するだけでなく、多くの問題点があります。

1．定義規定の問題点

①後述する広報文書では、「部落差別ってどういう問題なの？」との問いを設定し、回答として「一部の人たちが特定の地域出身であることや、そこに居住していることを理由に…不当な扱いを受ける…問題」としているにもかかわらず、条例自体には最も肝心要《かなめ》の部落差別の定義がありません。これは、「部落」を特定することの困難性、混住の進行、婚姻の広範化などからできないと考えたのであれば、本条例は制定する必要性はありません。したがって、部落差別の定義の不存在は、あえて「しない」という選択をしたと評

価できます。そうなると、部落差別であるかどうかの判断は判断者の主観によることになります。「部落差別は解消に向かいつつある。その様な状況で殊更部落差別に特化した施策を講じることはむしろ部落差別を固定化する。」といった発言は、本条例の「現在もなお部落差別が存在する」（1条）に相反し、かえって差別を温存・助長する発言として差別と判定される危惧は杞憂《きゆう》ではありません。後述する「不利益処分」の存在とあいまって、自由な言論の否定を招来する危険性が現実に存在します。

②差別行為の定義に「等」（被差別部落等・落書き等）が規定されていますが、不明確であり、規制対象が拡大する危険性があります。

③誤解によるものも差別行為とされています。誤解に基づく言動は差別行為として追及するものではなく、その克服をめざして協力することこそが重要です。

④「落書き」も差別行為とされています。（落書きは、部落差別の陰湿化を示すものではなく、以前には公然と行われていた「差別的言動」が公然とできなくなり、差別的言動が社会に受け入れられなくなったことの現れだと評価できるとの議論をおくとしても）本条例からすると、落書きを記載した者を特定・追及することになり、監視カメラ設置の必要性の議論にも発展しかねず、監視社会を招来する危険性があります。

2. 対象者の問題

湯浅町の訪問者も対象者に含めており、すべての人物が対象となって、一自治体の条例としては規制対象が極めて広すぎます。

3. 町長による助言・指導・勧告・命令

本条例では、町長権限として「差別者」に対する助言・指導・勧告・命令の権限が付与されています。

①かかる権限は、当然「差別者」の認定権限を町長に与えることになります。条例上は審議会に諮問をすることになっていますが、それは「調査の経過及び結果」について（12条3項）であり、町長の行った調査の検討でしかなく、審議会の答申も「踏まえ」られるだけ（13条）です（拘束力はない）。

②本条例の「部落差別」は主観的判断でしかありえないことを考えると、町民全体の奉仕者たる町長に町民などを差別者として追及する権限を与えることは、誤りであると考えます。

③さらに付加すれば、代替的作為義務を内容とする命令（その義務の履行が義務者の行為がなくとも第三者で実現できるもの。たとえば看板の撤去）が発せられた場合、それに従わないと、行政代執行法により一定の手続きを経て、行政がその義務の内容を強制的に実現し、その費用を義務者に請求することが可能になります。

「部落差別は解消に向かいつつある。その様な状況で殊更部落差別に特化した施策を講じることはむしろ部落差別を固定化する。」といった発言は、本条例の「現在もなお部落差別が存在する」（1条）と相反し、かえって差別を温存・助長するとして差別と判定されると、その旨を表明した宣伝物（看板など）が強制撤去の対象となる危惧は杞憂ではありません。自由な言論の否定を招来する危険性が現実に存在します。

4. 公表制度の問題

本条例の最大の問題は、右記のような重大欠陥を抱えながら、違反者を公表する制度を規定していることです。

（1）行政上の公表制度は、①国民への情報提供、②行政指導などに従わない者に指導に従わせる手法として制定されますが、本条例は②に該当します。

（2）公表による影響

部落差別をした「差別者」、しかも悔い改めない「差別者」として公表されるので、社会的信用の失墜の度合は著しいものとなります。そもそも公表は、世論の力によって行政のめざすところを実現しようとするものですが、それを受ける人々のとらえ方により対応が千差万別であり、予想外の影響が出る性質を持っています。

さらにネット拡散（現在の情勢では必定です）されれば、「情報による終身刑」状態になります。条例は前文で「情報化」を本条例制定の根拠として挙げていますが、公表における不利益を十分検討していないと考えざるを得ません（特に「誤解」による「差別者」も公表の対象となりうることを考えると危惧を一層強くします）。

（3）公表に至る問題点

①「被害者」の通報なくとも調査開始となること

「部落差別」の定義がない状況では、「部落差別」と判断した者の通報により「差別者」か否かの調査が開始されることとなります。

②「差別者」認定の過程では「加害者」の弁解の機会はないと考えられること

差別者と認定された後は、指導・助言となり、その後勧告と進行しますが、本条例には係る時点での弁解の機会の規定はなく、湯浅町行政手続条例でも、不利益処分（特定の者の権利を制限、義務を課す処分・命令が該当します）時点での弁解の機会付与の規定はあります（13条）が、勧告以前の時点ではそうした規定もありません。
③助言違反も勧告・命令を経て公表の対象
すでに危惧を表明しましたが、「部落差別は解消に向かいつつある。その様な状況で殊更部落差別に特化した施策を講じることはむしろ部落差別を固定化する」といった発言が差別とされた場合、助言・指導・勧告・命令に従わないとして公表されることになります。
（4）公表内容・方法の問題
差別と判断された事象をどの程度公表するのかは、本条例と同時に施行された施行規則に規定されています。その命令書様式によると「この命令に従わないときは…氏名及び住所、命令の原因となる事実の内容」が公表内容として例示されています。「命令の原因となる事実の内容」の公表は、「部落」を行政が公表することとなるうえ、公表内容によっては「被害者」が特定され、二次被害が発生する可能性があります。また、「加害者」の公表内容に住所が含まれるので、家族の日常生活も侵害されることになります。

また公表方法は、右記規則では原則湯浅町の掲示場所ですが、場合によっては町長の判断により湯浅町の刊行物に掲載されることになります。そして右記規則の公表告知書の様式によると、公表期限は「当該差別行為の解消が確認されるまで」となっています。「解消の確認」を誰がいかに行うかが規定されていないうえ、公表についての「加害者」の防御は、文書での意見書の提出しか規定されていません。しかも町長からの「公表予告書」が発せられた後でしかなく、公表するか否かの判断以前の意見聴取ではありません（規則上「公表を行う場合は、公表を行う日の1月前までに…予告書により…告知する」とされており、公表を前提とした意見聴取の手続きでしかありません）。さらに意見書の提出期限は、公表予告書到達の翌日から2週間しかありません。公表による深刻な影響を考えるならば、部落差別に関する意見が厳しく対立している中で、「加害者」とされるものの利益を度外視している手続きです。

なお「福岡県部落差別の解消に関する条例」には、勧告・公表の制度が規定され、本条例と同様の問題を持っていますが、対象は「結婚及び就職に際しての同和地区への居住に係る調査」をおこなった事業者であり、本条例はより広範であり、本条例はやはり特異な条例です。

（5）公表と命令の関係

本条例16条1項によると、公表は「正当な理由なく命令に従わない」が要件です。しかし、本条例と同時に施行された施行規則6条4項に、町長が公表を猶予《ゆうよ》あるいは取消すことができる場合を規定していますが、あくまで「できる」であり、町長の裁量《さいりょう》にかかることとなっており、公表できない「正当理由」が示されていません。しかもその規則による要件は次の通りであり、対象行為が「差別に当たるか否か」は考慮されない構造です。

①公表されるべき者が、予告書を受領してからの以後、湯浅町外に転出したとき。公表されるべき者が、法人の場合は、その事業を終了したとき。

②医師の診断に基づく認知症等の理由により、公表されるべき者本人も判断能力が著しく低下しており、かつ家族等の差別行為解消に係る支援が困難なとき。

③公表されるべき者が、予告書を受領してからの以後、死亡または意思表示が明確にできない状態となったとき。

④前各号に掲げるほか、特別の事由があると町長が認めるとき。

この要件を見ると、①は、もともと本条例が湯浅町民以外の者も対象としていること、転出という用語を使用していることから湯浅町民のことであると考えられますが、公表されたくなければ湯浅町から出て行けと言わんばかりの要件です。部落差別を特別視するあまり、「異質な」ものを排除するという思考におちいっているとしか考えられません（後述する「湯浅町障がいを理由とする差別をなくす条例」〈以下、障がい者条例〉施行規則ではかかることは定められていません）。また②では、認知症で本人の判断能力が著しく低下していても、家族など（条例の定義では配偶者、父母、祖父母、子、兄弟姉妹、孫、配偶者の父母、子の配偶者及び後見人）が支援できれば公表するということであり、「差別者」とされる本人以外に家族も責任を負わされる構造です。行き過ぎた規制です。

5．勧告・命令・公表

パブリックコメントへの回答で、勧告・命令・公表は「指導等を行ったにもかかわらず、差別行為を繰り返すといった悪質な場合」としています。

しかし、本条例14条では、勧告の要件として「指導等を行ったにもかかわらず差別者がその指導等に従わない場合及び差別行為を繰り返す場合」としています。すなわち、単に従わない場合も勧告の対象としています。本条例の「部落差別」の主観性から見て、町長の考え方に左右される危険性大です。

6．町の行う施策の推進のために団体を関与させること

①本条例8条では、「この条例の目的を達成するために必要と考えられる団体等との連携」が規定されて

います。パブリックコメントに対する回答では、この団体は「人権尊重委員会等の人権擁護団体」としています（人権尊重委員会は同和委員会から改組した組織と思われ、条例上特別職扱いで費用支給を受けることとなっています。また、「人権擁護団体」というのでは、その範囲は際限がなくなります）。

②本条例11条2項では、事業者（定義規定によりいわゆる営利企業に限らない）に、業務中あるいは管理する施設内で差別行為を発見した場合の町長への通報義務が課されており、12条2項で調査に協力する義務（努力義務）があります。

③本条例における「部落差別」は主観的判断とならざるを得ないことから、これらの条項は、差別行為を意識的に追求する団体が町の施策への関与、町長の「差別」の調査に関与する根拠となる条文です。「法」の参議院附帯決議で戒められた「過去の運動団体のゆきすぎた言動」が再現する危険性や憲法で保障された表現の自由の侵害が危惧されます。

7．「差別的内心」に向かわざるをえない

本条例は、「部落」を再固定しながら「差別の解消」を目指すという立場ですから、同和対策事業が終了している現時点では、町の施策としては、環境整備などの方策ではなく、いきおい「主観」すなわち差別的内心の克服に向かわざるを得ない状況となります。条例の問題の基礎には、係る状況が存在すると思われます。すなわち、「内心」を差別の根本的問題とすれば、その払しょくのためには「内心」に踏みこむことを容認し、さらに目に見えない「内心」の問題を克服するためには「命令」「公表」と言った外的圧力も容認されるとの思考になっていると思われます。助言・指導・勧告・命令は「差別者」に対してなされ、その要

件である「部落差別」が主観的判断になり、いきおい「主観」すなわち差別的「内心」の克服に向かわざるを得ない状況となることを考えれば、行政の権力を背景とした一方的見解の押し付けとなる危険性がありま す。すなわち、「意識の変革」という内心への強制的介入となる危険性です。差別は何らかの言動を通じて実際に人権を侵害したり、人格を侮辱することであり、「意識のあり方」ではありません。かかる介入は、日本国憲法で保障された「内心の自由」の侵害です。本条例において、町の責務とされている「教育・啓発」がその役割を果たすことになりかねず、町の公権的理解に反する表現の自由を侵害することにもつながります。

湯浅町は、本条例の啓発のためにパンフレットを作製し、２０１９年8月に全戸配布しました。その中で「部落差別解消推進法」が同和対策審議会「答申」から50年以上経過して制定することについて、「今なお根強い差別意識が存在することを示しています」(5頁)として「意識」を問題とする認識を示し、「差別をした人の誤解や偏見を取り除くことを第一に考え、『根本』から部落差別を解消することに努め(る)」(9頁)として、部落差別の根本が「誤解・偏見」という意識にあるとの認識を示しています(部落差別の根幹を意識とすれば、差別は内心の問題、心の持ちようということになり、人間の本性という考え方につながりかねず、そうなれば差別は未来永劫なくならないという結論に導きかねません)。さらには、「知らない間に『する』側になっているかもしれません」(10頁)とも記載しています。そして、部落差別解消の方法としての具体的取り組みは「啓発」(10頁)「相談員の配置」(9頁)「サイトのモニタリング」(9頁)を挙げる程度です。「意識」を問題とする域を出ていません。

なお同文書は、今なお深刻な部落差別の現れとして、結婚に関する意識調査の結果を挙げています。「同和地区出身者との結婚に対する意識」ですが、a「絶対反対」（2・7％）、b「家族や親せきに反対意見があれば反対」（2・2％）、c「反対だが子供の意志であれば仕方ない」（16・0％）を合計し、約2割の人は「結婚に関し反対の意思を持っていることも事実」としています（7頁／かかる記載は、和歌山県が平成30年に実施した調査〈ただし、県の質問は「同和地区の人」であり、広報文書の「同和地区出身者」と齟齬《そご》しています〉に基づくものですが、婚姻当事者の意識、すなわち「部落」外出身者との婚姻の状況の変化を取り上げていません）。

しかし、和歌山県の調査結果の記載頁（167頁）には平成25年調査と「大きな変化は見られない」としており、この平成30年度調査が、和歌山県民の意識としては部落差別「意識」が深刻化してはいないこと並びに湯浅町独自の調査ではないことから、湯浅町独自の条例の必要性を根拠づけるものとはなりません。

さらに言えば、和歌山県の調査では、「同和問題（部落差別）に関して、現在、どのような問題があると思いますか」との質問をしていますが、その中で「結婚のときに周囲の人が反対する」の割合が高いことが指摘されています。確かにその割合は高い（ただ、学校で結婚をめぐる差別が今なお存在すると教えられていることや同内容の「啓発」文書の影響があると思われます）のですが、同報告書に記載された平成20年度調査・平成25年度調査の結果と比較すると、平成20年度45・9％、平成25年度43・6％、平成30年度40・3％となっており、着実に減少してきている上、年齢別のまとめでも20歳代では28・8％と最も低い値となっています。また、「わからない」との回答が平成20年度19・7％、平成25年度20・4％、平成30年度24・3％となっており、着実に増加してきている上、年齢別のまとめでも平成30年度では20歳代で38・8％と最も高い値となっています。「わからない」という回答は、部落差別に関して問題を認識していない層がいることであり、その増加は、むしろ部落差別の解消が進んでいることの現れとも評価できます。また、若年層の示す数値は、同じく部落差別の解消が進んでいることの現れとも評価できます（なお、和歌山県の調査では、他の人権分野における「どのような問題があるか」との質問で、「わからない」を選択肢に挙げているのは「ＬＧＢＴや性同一性障害のある人の人権」についてだけです〈ただし、ＬＧＢＴにかかる設問は、平成30年度において初めてなされたもののようです〉）。

すなわち、広報文書は、「意識調査」と仮定質問（後述）に対する回答のみをとりあげており、「意識」のみを問題視する姿勢の現れです。さらに言及すれば、ｃの選択肢をことさら「結婚に反対する」意識と評価することは行き過ぎと思われます。ｂの選択肢も親としては反対しないということであり、差別の深刻な現れに分類することは不合理です（なお和歌山県の調査も問題があります。この調査は「意識調査」であって、県民の内心を「意識的に」抽出するものであり、行政が行うことが適切とは思えません。また、湯浅町の広報文書が援用している部分の質問は「仮に、あなたに子供がおり、あなたの子供が、結婚しようとする相手の方が同和地区の人であるとわかったとき、あなたはどうしますか〈○は１つだけ〉」というもので、①仮定形式を使用し、まさしく「意識」を問うています、②すでに存在しない「同和地区」を用い、現実に存在するかのような質問です、③この質問の「あなた」は「同和地区」外の人であると考えざるを得ませんが、和歌山県は「同和地区」居住者〈あるいは出身者〉を除外して調査を行ったのか、であれば「同和地区」「同和地区外」で県民を区別していることとなり、行政の立ち位置としては誤りです、④さらに他の人権分野において「どのような問題があると思うか」との趣旨の質問では「特にどのような点が問題」かと問い、回答は３つの選択肢までとしていますが、同和問題では「特に」との限定はなく、かつ回答の選択も無制限となっており、さらに仮定質問も同和問題だけであり、同和問題をことさらに他の人権課題と区別しています、と言った点が問題です）。

六　「障がい者条例」との比較

以上の問題点は、本条例公布と同時に施行される「障がい者条例」との照合により一層鮮明となります。「障がい者条例」では、①当事者の協議の場の設定が規定され、話し合いによる解決の場があり（障がい者条例15条）、②調査は、申立を受けてなされる（17条）こととなり、手続きを行うことについての適否が判断されることとなっています、③公表対象には、助言を受けたものは含まれず（19条）、勧告に従わないことは公表の対象となりますが、勧告はあっせんを経た後となっています、④命令は規定されていません、⑤差別者との用語は使用されていません、と本条例と比較すると抑制的です（「障がい者条例」施行規則では住所は公表されないこととなっています。なお、公表に関して、「障がい者条例」施行規則では、本条例施行規則と異なり転出を公表除外可能事情としていませんので、一見すると全件公表となり、本条例よりも厳しいととらえられるかもしれませんが、「障がい者条例」では、そもそも調査の開始は申立であり、かつ手続き開始の適否の検討があり、公表はあっせんを経てからとなっており、強権的な本条例と手続き構造が異なります。もっとも、公表制度自体の問題点は同様です）。

「障害を理由とする差別の解消の推進に関する法律」では、自治体にも障害者の差別解消の推進に関して、実施義務が規定されています。一方、「法」では自治体の実施義務が規定されず、責務もいわゆる努力義務でしかない状況で、本条例のような規制を置かなければならないほど、湯浅町で部落差別が深刻であるとの立法事実が明らかではありません。

本条例のパブリックコメントに対する湯浅町の回答では、平成29年度で3件の差別事象があり、内容的には、①同和地区の問い合わせ（結婚）、②被差別部落住民を差別するメモの放置、③大学教授による差別発言（内容は明らかとされていません）です。

広報文書によると、湯浅町が考える差別事象は、湯浅町において、平成29年度に3件あったとされていますが、それ以降の差別事象の記載はありません。従って1年以上（平成29年度は平成30年3月に終了し、広報文書は令和元年8月配布ですので、作成に2カ月かかったとしても1年以上の間隔があります）、「差別事象」が把握されず、モニタリングについても湯浅町に関係する具体的問題はもちろん差別案件の件数さえ記載されておらず、モニタリングでも湯浅町に関する「差別事象」が発見されなかったことを示しています。本条例が審議された２０１９年3月議会においても、町当局が平成30年10月からのモニタリングで36件ほどの削除要請を行い、15件が削除されたと報告していますが、それは「和歌山県の中のこと」であり、湯浅町に関連するとの指摘はありません。すなわち、湯浅町が独自に条例を制定する必要性が存在するとは認められません。「法」以外に本条例を必要とする事態、特に本条例のような命令・公表に至る実施手段を必要とする事態が存在するとは考えられません。

なぜ「着実に解決に向けて進んでいる」（広報文書「はじめに」）部落差別をことさらに他の差別事象と区別し、取り上げる必要性があるのか明らかではありません。さらに本条例の広報文書は14頁ですが、「障がい者条例」の広報文書はわずか4頁に過ぎません。しかも、本条例の広報文書は施行前に配布されましたが、「障がい者条例」の広報文書は施行後です。啓発の点でも部落問題を特別視する姿勢が見られます。

七　条例制定権限との関係

（1）条例の制定権限に関しては、憲法94条により「法律の範囲内」とされ、地方自治法14条1項において、「法令に違反しない限りにおいて第2条第2項の事務に関し、条例を制定することができる」とされています。2条2項は「地域における事務及びその他の事務で法律又はこれに基づく政令により処理することとされるもの」となっています。さらに当然のことながら、基本的人権を侵害するものであってはなりません（この点において、本条例は基本的人権を侵害、少なくともその危険性が現実に危惧される内容です）。

（2）「法」はあくまで理念法であり、地方公共団体に何らかの施策の実施を要求していません。「法」3条に規定する地方公共団体の責務は「努めるものとする」であり、「（法律またはこれに基づく政令により）処理することとされるもの」ではありません。地方自治法に定める条例の所管事項との関係では、本条例は、「その他の事務で法律又はこれに基づく政令により処理することとされるもの」ではないことは明らかです。従って本条例の内、「法」と同様の規律に関しても「地域における事務」に該当しなければなりません。

しかし、「法」以外にも本条例を必要と考える湯浅町の立場は、結局のところ湯浅町での平成29年度の3件の差別事象ですが、これは条例制定の必要性を根拠づけるものではなく、「法」以外に本条例を必要とする湯浅町独自の必要性は何ら明らかではありません。すなわち、本条例は地方自治法にも反する疑いが濃厚です。

（3）「法律の範囲内」の観点では、法律が規制していない分野は法律がないとして自由に条例を制定できるかと言えば、そうではなく、法が規制しない趣旨であれば、その課題について条例を制定できません。

本条例は、「法」とほぼ同様の規定を置き、「部落差別の解消の推進に関する法律」の理念に基づくと1条に規定しているように、「法」の施行を契機とするものであることは明らかです。「法」についての国会審議において提案者は、「部落差別を解消する必要性に対する国民一人一人の理解を深めることに努めることによって、部落差別のない社会を実現する」「部落差別を解消する必要性に対する国民一人一人の理解を深めることに努めることによってその解消を図ろうとしている…対象地域や対象者を特定して何らかの施策を行うことを求めるものではない」「部落差別の解消に関する施策として、相談体制の充実と教育及び啓発と部落差別の実態に係る調査の3点のみをさだめて（いる）」（以上、平成28年12月8日、宮崎政久）、「特定の地域とか対象者を定めてあるいは特定してその施策を行うというものでは決してありません」（平成28年12月8日、若狭勝）、「その地区に線引きすることなく」（平成28年12月8日、門博文）として法の趣旨・目的を繰り返し説明しています。そして、対象地域や対象者を特定して何らかの施策を行うことを求めるものではないが故に、部落出身者の定義を置いていないとしています（平成28年12月月8日、宮崎政久）。

すなわち、部落を特定する施策を講じないから部落出身者の定義は不要としているのです。しかるに、本条例の「実態調査」において、地域を特定しての調査を想定することは明らかに「法」の範囲を超えています。さらに、本条例の差別事象通告に始まる一連の手続きは、「部落」の認定特定が不可欠の手続きであり、特定の地域とか対象者を定めてあるいは特定してその施策を行うものではないとの「法」の趣旨に反し、さらに国民1人ひとりの理解を深めることが主眼であるにもかかわらず、強権的に行政処分や氏名公表まで行うことを定めるものであり、本条例の差別事象通告から公表に至る規定は明らかに「法」の範囲を超えています。また、「法」に違反しているとも評価できます。
（4）仮に地域の実情により、何らかの処置が可能としても（この点に関しては、湯浅町において独自の条例を必要とする、換言すれば法律では措置しえない事態が存在するとは思えませんが）、また、「法」3条の努力義務を「法律又はこれに基づく政令により処理することとされるもの」と考えたとしても、本条例は「法」3条の「国との適切な役割分担」を逸脱するものです。「法」に違反します。
①差別事象による人権救済は、司法機関・法務局（人権擁護）が中立の立場で行うというのが、国の考え方です（昭和61年12月11日地域改善対策協議会「意見書」、昭和62年3月18日「地域改善対策啓発推進指針」、平成元年8月4日「確認・糾弾会について」〈法務省人権擁護局総務課長名での通知〉でも昭和61年意見書を受け、「真摯に受け止めその趣旨に沿った取り組みに鋭意努力してきた」としています）。
町が、差別事象の認定やその「処罰」に当たることは、国の部落差別解消の方向性と矛盾します。
②本条例12条2項において、町による差別事象の調査に付き、情報提供した事業者が調査に協力するように規定しています。定義上「事業者」には団体を含みます。この条文を根拠に、かつてのような糾弾が行われる可能性が危惧され、まさしく法の附帯決議に示された国の部落差別解消の方向性と対立します。
（5）地方公務員法34条によって、湯浅町の職員には守秘義務が課されています。この「秘密」は、一般に知られていない事実で、それを一般に知らしめることにより利益の侵害になると客観的に考えられるもの、とされています。
本条例の差別事象通告に始まる過程で、町に収集される情報に「秘密」に該当する情報が含まれることは必然であり、公表の対象は「氏名・住所・差別事象」ですが、その事実は秘密に該当し、公表事務を担当する公務員が守秘義務違反に問われる可能性があります。しかし、本条例は守秘義務違反に問われないことを前提としていることにならざるを得ませんが、「地方公務員法」により全国すべての公務員が課せられている義務を、湯浅町の公務員に限りその義務を解除することとなり、許されません。少なくとも公表に関しては、「地方公務員法」に違反すると考えられます。なお「地方公務員法」2条では、条例と「地方公務員法」とが抵触する場合、同法が優先すると規定しています。また、地方税法上の守秘義務の関係ではありますが、その解除は、「そのような行為を適法なものとして許容したと認めるに足りる法律の規定があることを要する」とする内閣法制局の意見がなされている模様です（昭和38年3月15日「内閣法制局一発第6号内閣法制局第1部長」自治省税務局長宛）。

八　本条例の性格

本条例は、憲法で保障された内心の自由、表現の自由を侵害する恐れの強い条例であり、憲法94条による「法律の範囲内」での条例制定に反し、「地方自治法」「地方公務員法」にも反し、「法」3条2項の「国との適切な役割分担」の域を超えていると評価せざるを得ません。

九　条例制定過程の問題

本条例は、条例制定権限の範囲を超えているうえ、内容的にも湯浅町民・日本国民（通勤・通学者、訪問者をも適用対象としています）の内心・思想の自由に影響し、行政処罰を受ければその名誉も侵害され、その手続き的保障もないに等しいものですから、条例案の検討は、町民の意見をも踏まえ、議会での公聴会（町民以外の者の参加を含め）も含め、慎重な審議が必要でした。

しかし、本条例案は平成30年12月配布の『広報ゆあさ』1月号に初めて掲載され、パブリックコメントの期間も1月4日からわずか24日しかない状況でした。町民への説明会も、後記の会の要求によりやっと平成31年3月2日に開催されましたが、短時間の開催といった状況でした。また、議会担当委員会での参考人の意見陳述も、後記の会の要請によって3月13日に開催されただけです。そして3月19日の本会議において、1名の反対の下、可決・成立しました。問題を多々抱える条例の審議としては極めて拙速です。

十　「部落差別撤廃・人権擁護に関する条例」について

湯浅町では、「部落差別撤廃・人権擁護に関する条例」（以下、旧条例）が、２００4年3月31日限りで失効することを明示して制定されました。この条例は、①事業条例でもないにもかかわらず、なぜ時限条例としたのか、条例制定の際の認識はどのようなものであったのか、②期限通り失効したとすれば、期限延長の議論はなされたのか、③失効期限を迎えるにあたり、旧条例は如何に総括されたのか、の諸点について本条例制定にあたり如何に議論されたのかは、本条例制定の必要性に関する論点です。

久澄顕人・日本共産党町議会議員の尽力により入手できた資料に基づくと、①については、「同和問題の解決については…永続化したり、固定化させないために」時限立法としたと広報誌に記載され、議会の審議では、条例により差別が固定化されるとの批判にこたえるため時限としたとの答弁がなされています（固定化を避けるためには、そのような条例を制定しないというのが本来の考え方であると思われますが）。

②③に関しては、同和問題について課題は残されていますが、一般施策で行っていく、人権課題は別途条例を策定するという議論がなされています。そして、同和問題に限定しない「人権を大切にするまちづくり条例」が平成17年3月28日に制定されました（施行規則には他の人権課題と並べて「同和問題」の記載がありますが、条例自体には「同和問題」の記載はありません。議会の審議の過程では、条例で同和問題の存在を「もうちょっと強調」「もうちょっと明確」にとの議論もありました）。かかる経過からすれば、湯浅町では、残された同和問題をめぐる課題は一般施策で行い、同和問題の特化した施策を行わないことになったのですから、その方向性と真逆（残された課題は一般施策で解決を目指すとしていたにも関わらず、部落問題に特化した施策を行う）の本条例の制定にあたっては、それを必要とする事情、特に「人権を大切にするまちづくり条例」が存続しているにも関わらず、本条例を必要とする事情が慎重に審議されるべきでしたが、なされていないと考えざるを得ません。

なお、広報文書では、14頁の年表において旧条例の失効が記載されていますが、本文のどこにも旧条例制定の意義、その失効の意味、旧条例の総括、「人権を大切にするまちづくり条例」の存在との関係は一切触れられておらず、湯浅町独自の条例を必要とする説明がなされていません。

おわりに

湯浅町では、本条例の「不意打ち」的提案に対して、「考える有志の会」「反対する連絡会」が結成され、①パブリックコメントンでの反対意見、②議会への慎重審議の要請、③説明会での意見表明、④議会担当委員会での参考人としての意見陳述、⑤町民へのチラシ配布などの活動を行ってきましたが、本条例が成立したことを受け、「湯浅町部落差別をなくす条例」の廃止を求める連絡会に改組し、廃止を目指して活動を継続しています。

資料1　部落差別の解消の推進に関する法律（2016年12月16日公布 法律番号109）

（目的）

第一条　この法律は、現在もなお部落差別が存在するとともに、情報化の進展に伴って部落差別に関する状況の変化が生じていることを踏まえ、全ての国民に基本的人権の享有を保障する日本国憲法の理念にのっとり、部落差別は許されないものであるとの認識の下にこれを解消することが重要な課題であることに鑑み、部落差別の解消に関し、基本理念を定め、並びに国及び地方公共団体の責務を明らかにするとともに、相談体制の充実等について定めることにより、部落差別の解消を推進し、もって部落差別のない社会を実現することを目的とする。

（基本理念）

第二条　部落差別の解消に関する施策は、全ての国民が等しく基本的人権を享有するかけがえのない個人として尊重されるものであるとの理念にのっとり、部落差別を解消する必要性に対する国民一人一人の理解を深めるよう努めることにより、部落差別のない社会を実現することを旨として、行われなければならない。

（国及び地方公共団体の責務）

第三条　国は、前条の基本理念にのっとり、部落差別の解消に関する施策を講ずるとともに、地方公共団体が講ずる部落差別の解消に関する施策を推進するために必要な情報の提供、指導及び助言を行う責務を有する。

2　地方公共団体は、前条の基本理念にのっとり、部落差別の解消に関し、国との適切な役割分担を踏まえて、国及び他の地方公共団体との連携を図りつつ、その地域の実情に応じた施策を講ずるよう努めるものとする。

（相談体制の充実）

第四条　国は、部落差別に関する相談に的確に応ずるための体制の充実を図るものとする。

2　地方公共団体は、国との適切な役割分担を踏まえて、その地域の実情に応じ、部落差別に関する相談に的確に応ずるための体制の充実を図るよう努めるものとする。

（教育及び啓発）

第五条　国は、部落差別を解消するため、必要な教育及び啓発を行うものとする。

2　地方公共団体は、国との適切な役割分担を踏まえて、その地域の実情に応じ、部落差別を解消するため、必要な教育及び啓発を行うよう努めるものとする。

（部落差別の実態に係る調査）

第六条　国は、部落差別の解消に関する施策の実施に資するため、地方公共団体の協力を得て、部落差別の実態に係る調査を行うものとする。

衆議院法務委員会附帯決議（2016年11月16日）

政府は、本法に基づく部落差別の解消に関する施策について、世代間の理解の差や地域社会の実情を広く踏まえたものとなるよう留意するとともに、本法の目的である部落差別の解消の推進による部落差別のない社会の実現に向けて、適正かつ丁寧な運用に努めること。

参議院法務委員会附帯決議（2016年12月8日）

国及び地方公共団体は、本法に基づく部落差別の解消に関する施策を実施するに当たり、地域社会の実情を踏まえつつ、次の事項について格段の配慮をすべきである。

一 部落差別のない社会の実現に向けては、部落差別を解消する必要性に対する国民の理解を深めるよう努めることはもとより、過去の民間運動団体の行き過ぎた言動等、部落差別の解消を阻害していた要因を踏まえ、これに対する対策を講ずることも併せて、総合的に施策を実施すること。

二 教育及び啓発を実施するに当たっては、当該教育及び啓発により新たな差別を生むことがないように留意しつつ、それが真に部落差別の解消に資するものとなるよう、その内容、手法等に配慮すること。

三 国は、部落差別の解消に関する施策の実施に資するための部落差別の実態に係る調査を実施するに当たっては、当該調査により新たな差別を生むことがないように留意しつつ、それが真に部落差別の解消に資するものとなるよう、その内容、手法等について慎重に検討すること。

資料2 「部落差別解消推進法」に係わる自治体の条例

○福岡県
○奈良県
○福岡県・小郡市
○福岡県・飯塚市
○兵庫県・加東市
○高知県・土佐市
○大分県・豊後高田市
○和歌山県・湯浅町

○福岡県

福岡県部落差別の解消の推進に関する条例

（平成31年福岡県条例第六号）平成31年3月1日施行

第一章　部落差別の解消の推進

（目的）

第一条　この条例は、現在もなお差別落書きや差別につながる土地の調査などの部落差別が存在すること及びインターネットの普及をはじめとした情報化の進展に伴って部落差別に関する状況の変化が生じていることを踏まえ、全ての国民に基本的人権の享有を保障する日本国憲法及び部落差別の解消の推進に関する法律（平成二十八年法律第百九号。以下「法」という。）の理念にのっとり、部落差別は許されないものであるとの認識の下にこれを解消することが重要な課題であることに鑑み、部落差別の解消に関し、基本理念を定め、県の責務を明らかにし、相談体制の充実、結婚及び就職に際しての部落差別事象の発生の防止等について必要な事項を定めることにより、部落差別の解消を推進し、もって部落差別のない社会を実現することを目的とする。

（基本理念）

第二条　部落差別の解消に関する施策は、全ての県民が等しく基本的人権を享有するかけがえのない個人として尊重されるものであるとの理念にのっとり、部落差別を解消する必要性に対する県民一人一人の理解を深めるよう努めることにより、部落差別のない社会を実現することを旨として、行われなければならない。

（県の責務）

第三条　県は、前条の基本理念にのっとり、部落差別の解消に関し、国との適切な役割分担を踏まえ、国及び市町村との連携を図り、施策を講ずる責務を有する。

（相談体制の充実）

第四条　県は、国との適切な役割分担を踏まえ、部落差別に関する相談に的確に応ずるための体制の充実を図るものとする。

（教育及び啓発）

第五条　県は、国との適切な役割分担を踏まえ、部落差別を解消するため、必要な教育及び啓発を行うものとする。

（部落差別の実態に係る調査）

第六条　県は、部落差別の解消に関する施策の実施に資するため、法第六条の規定による国が行う調査に協力するとともに、必要に応じ、部落差別の実態に係る調査を行うものとする。

（意見の聴取）

第七条　知事は、部落差別の解消に関する施策の実施に資するため、必要に応じ、学識経験者等をもって構成する協議会の意見を聴くものとする。

第二章　結婚及び就職に際しての部落差別事象の発生の防止

（趣旨）

第八条　県は、同和地区（歴史的社会的理由により生活環境等の安定向上が阻害されている地域をいう。以下同じ。）に居住していること又は居住していたことを理由としてなされる結婚及び就職に際しての差別事象（以下「結婚及び就職に際しての部落差別事象」という。）の発生を防止することにより、部落差別の解消を推進するものとする。

（県の責務）

第九条　県は、結婚及び就職に際しての部落差別事象の発生を防止し、部落差別の解消を推進するため、国及び市町村と協力して必要な教育及び啓発を行う責務を有する。

（県民及び事業者の責務）

第十条　県民及び事業者は、結婚及び就職に際しての部落差別事象の発生の防止について、自ら啓発に努めるとともに、県が実施する施策に協力する責務を有する。

2　県民及び事業者は、結婚及び就職に際しての同和地区への居住に係る調査（以下「調査」という。）を行い、依頼し、又は受託する行為、調査に関する資料等を提供し、教示又は流布する行為その他の結婚及び就職に際しての部落差別事象の発生につながるおそれのある行為をしてはならない。

（指導及び助言）

第十一条　知事は、県民及び事業者に対し、結婚及び就職に際しての部落差別事象の発生を防止する上で必要な指導及び助言をすることができる。

（申出）

第十二条　調査の対象とされた者又は当該調査の発生を知った者は、その旨を知事へ申し出ることができる。

（勧告等）

第十三条　知事は、事業者が調査を行い、依頼し、又は受託したと認めるときは、当該事業者に対し、当該調査を中止すべき旨並びに結婚及び就職に際しての部落差別事象の発生の防止のために必要な措置をとるべき旨を勧告することができる。

2　知事は、前項の勧告を行うに当たり必要な限度において、事業者に対し、必要な資料の提出又は説明を求めることができる。

3　知事は、事業者が第一項の規定による勧告に従わないとき又は前項の規定により必要な資料の提出若しくは説明を求めた場合においてこれを拒否したときは、その旨を公表することができる。

4　知事は、前項の公表をしようとするときは、あらかじめ、当該事業者に対しその旨を通知し、当該事業者又はその代理人の出席を求め、意見の聴取を行わなければならない。

第三章　雑則

（解釈及び運用）

第十四条　この条例は、基本的人権の尊重の精神に基づいて、これを解釈し、及び運用するようにしなければならない。

（規則への委任）

第十五条　この条例の施行に関し必要な事項は、規則で定める。

附則
この条例は、公布の日から施行する。

○奈良県
奈良県部落差別の解消の推進に関する条例

（目的）
第1条　この条例は、現在もなお部落差別が存在するとともに、情報化の進展に伴って部落差別に関する状況の変化が生じていることを踏まえ、全ての国民に基本的人権の享有を保障する日本国憲法及び部落差別の解消の推進に関する法律（平成28年法律第１０９号）の理念にのっとり、部落差別は許されないものであるとの認識の下にこれを解消することが重要な課題であることに鑑み、部落差別の解消に関し、基本理念を定め、県の責務を明らかにし、及び施策を推進するための基本的な計画の策定等について定めることにより、部落差別の解消を推進し、もって部落差別のない社会を実現することを目的とする。
（基本理念）
第2条　部落差別の解消に関する施策は、全ての県民が等しく基本的人権を享有するかけがえのない個人として尊重されるものであるとの理念にのっとり、部落差別を解消する必要性に対する県民一人一人の理解を深めるよう努めることにより、全ての人を包摂し、及び人に優しい社会の実現を基本理念として、行わなければならない。
（県の責務）
第3条　県は、前条の基本理念にのっとり、部落差別の解消に関し、国及び市町村との適切な役割分担を踏まえて、国及び市町村と連携を図りつつ、部落差別の解消に関する施策を講ずる責務を有する。
（基本計画）
第4条　知事は、部落差別の解消に関する施策を推進するための基本的な計画（以下「基本計画」という。）を策定するものとする。
2　前項に基づく基本計画は、次に掲げる事項について定める。
一　部落差別の解消に関する施策についての基本的な方針
二　部落差別の解消に関し、県が計画的に講ずべき施策
3　知事は、基本計画を定めようとするときは、あらかじめ、奈良県人権施策協議会の意見を聴かなければならない。
4　知事は、基本計画を定めたときは、これを公表しなければならない。
5　前二項の規定は、基本計画の変更について準用する。
（調査の実施）
第5条　県は、部落差別の解消に関する施策の実施及び前条の基本計画策定のため、必要に応じて、部落差別の実態に係る調査を行うものとする。
2　県は、前項の調査を実施するに当たっては、当該調査により新たな差別が生じないよう留意しなければなら

ない。

（相談体制の充実）

第6条　県は、部落差別に関する相談に的確に応ずるための体制の充実を図るものとする。

（教育及び啓発）

第7条　県は、部落差別を解消するため、必要な教育及び啓発を行うものとする。

（推進体制の充実）

第8条　県は、国及び市町村と連携し、部落差別の解消に関する施策を推進する体制の充実に努めるものとする。

（委任）

第9条　この条例の施行に関して必要な事項は、知事が別に定める。

附則
この条例は、公布の日から施行する。

（2019年3月22日公布・施行）

○福岡県・小郡市
小郡市部落差別撤廃・人権擁護に関する条例
（平成7年小郡市条例第18号／改正平成30年3月23日条例第7号）

（目的）
第1条　この条例は、すべての国民に基本的人権の享有を保障し、法の下の平等を定める日本国憲法の理念、同和対策審議会答申の精神、部落差別のない社会の実現をめざす部落差別の解消の推進に関する法律（平成28年法律第109号）等にのっとり、最も深刻にして重大な社会問題である部落差別をはじめ、あらゆる差別により今なお人間の尊厳が侵されていることにかんがみ、速やかに部落差別等の撤廃と人権擁護を図り、もって人権尊重を基調とする差別のない明るい小郡市の実現に寄与することを目的とする。
（市の責務）
第2条　市は、前条の目的を達成するため必要な施策を積極的に推進するとともに、行政のすべての分野で市民の人権意識の高揚に努めるものとする。
（市民の課題）
第3条　市民は、相互に基本的人権を尊重するとともに、部落差別をはじめ、あらゆる差別をなくすための施策に協力し、自らも部落差別をはじめ、人権侵害に関する行為をしないように努めるものとする。
（市の施策の推進）
第4条　市は、基本的人権を擁護し、部落差別をはじめ、あらゆる差別をなくすために必要な施策について、市民及び関係団体と協力のうえ推進に努めるものとする。
2　前項の施策の策定及び推進に反映させるため、必要に応じ、実態調査、意識調査等を行うものとする。
（相談体制の充実）
第5条　市は、部落差別をはじめ、あらゆる差別に関する相談に的確に応じるため、相談体制の充実に努めるものとする。
（教育及び啓発の充実）
第6条　市は、市民の人権意識の普及高揚を図るため、関係団体と連携のうえ、人権教育及び人権啓発を積極的に推進し、人権擁護の社会づくりに努めるものとする。
（推進体制の充実）
第7条　市は、部落差別をはじめ、あらゆる差別をなくすための施策を効果的に推進するため、国、県及び関係団体と連携を図り推進体制の充実に努めるものとする。

（審議会）

第８条　部落差別をはじめ、あらゆる差別をなくすための重要事項について調査審議するため、小郡市部落差別撤廃・人権擁護審議会（以下「審議会」という。）を置く。
２　審議会の組織及び運営に関する事項は、規則で定める。
（委任）
第９条　この条例に定めるもののほか、必要な事項は、市長が別に定める。
附則（施行期日）
この条例は、公布の日から施行する。

○福岡県・飯塚市
飯塚市部落差別をはじめあらゆる差別の解消の推進に関する条例

（平成18年３月26日、飯塚市条例第１４０号／改正H30－10〈題名改称〉）


（目的）

第１条この条例は、すべての国民に基本的人権の享有を保障し、法の下の平等を定める日本国憲法及び部落差別の解消の推進に関する法律（平成28年法律第１０９号）をはじめとする差別の解消を目的とした法令の理念にのっとり、部落差別をはじめ、障がい者、外国人への差別等あらゆる差別（以下「差別」という。）の解消を推進し、人権擁護を図り、もって差別のないまちづくりを実現することを目的とする。

（市の責務）

第２条　市は、前条の目的を達成するため、国及び県との適切な役割分担を踏まえ、連携を図り、必要な施策を積極的に推進するとともに、行政のすべての分野で市民の人権意識の高揚に努めるものとする。

（市民の責務）

第３条　市民は、相互に基本的人権を尊重し、自らも人権意識の高揚に努めるとともに、差別をなくすための施策に協力するものとする。

（相談体制の整備）

第４条　市は、国及び県との適切な役割分担を踏まえ、差別に関する相談に的確に応じるために必要な相談体制の整備に努めるものとする。

（教育及び啓発活動の充実）

第５条　市は、国及び県との適切な役割分担を踏まえ、差別をなくすために必要な教育及び啓発活動を行うものとする。

（推進体制の充実）

第６条　市は、差別をなくすための施策を効果的に推進するため、国、県及び各種関係団体と連携を図り、推進体制の充実に努めるものとする。

（実態調査）

第７条　市は、差別をなくすための施策の実施に資するため、その実態に係る調査を行うものとする。

（委任）

第８条　この条例に定めるもののほか、必要な事項は、市長が定める。

附則
この条例は、平成18年３月26日から施行する。

附則（平成30年３月30日条例第10号）

この条例は、平成30年４月１日から施行する。

○兵庫県・加東市

加東市部落差別の解消の推進に関する条例

（目的）

第1条　この条例は、現在もなお部落差別が存在するとともに、情報化の進展に伴って部落差別に関する状況の変化が生じていることを踏まえ、全ての国民に基本的人権の享有を保障する日本国憲法及び部落差別のない社会の実現を目指す部落差別の解消の推進に関する法律（平成28年法律第１０９号）の理念にのっとり、部落差別は許されないものであるとの認識の下にこれを解消することが重要な課題であることに鑑み、部落差別の解消に関し、基本理念を定め、市の責務を明らかにするとともに、市民の役割等について定めることにより、部落差別の解消を推進し、もって部落差別のない加東市を実現することを目的とする。

（基本理念）

第2条　部落差別の解消に関する施策は、全ての市民が等しく基本的人権を享有するかけがえのない個人として尊重されるものであるとの理念にのっとり、部落差別を解消する必要性に対する市民一人一人の理解を深めるよう努めることにより、偏見を払拭し、部落差別のない加東市を実現することを旨として、行わなければならない。

（市の責務）

第3条　市は、前条の基本理念にのっとり、国及び県との連携を図りつつ、部落差別の解消に関する施策を講ずる責務を有する。

（市民の役割）

第4条　市民は、相互に基本的人権を尊重し、部落差別の解消に努めなければならない。

（相談体制の充実）

第5条　市は、部落差別に関する相談に的確に応ずるための体制の充実を図るものとする。

（教育及び啓発）

第6条　市は、部落差別を解消するため、必要な教育及び啓発を行うものとする。

（調査の実施）

第7条　市は、部落差別の解消に関する施策を推進するため、国が行う部落差別の実態に係る調査に協力するとともに、必要に応じて、部落差別に関する意識調査等を行うものとする。

（推進体制の充実）

第8条　市は、部落差別の解消に関する施策を効果的に推進するため、国、県及び部落差別の解消に取り組む各種団体との連携を深めるとともに、施策の推進体制の充実を図るものとする。

（諮問）

第9条　市長は、部落差別の解消に関する施策を推進するに当たっては、加東市人権問題審議会に諮問することができる。

（委任）

第10条　この条例の施行に関して必要な事項は、市長が別に定める。

附則

この条例は、公布の日から施行する。

（条例は平成30年9月26日施行）

○高知県・土佐市
土佐市人権尊重のまちづくり条例
（平成30年12月18日、条例第25号）

（目的）
第1条　この条例は、すべての国民に基本的人権の享有を保障し、法の下の平等を定める日本国憲法及び部落差別の解消の推進に関する法律（平成28年法律第１０９号）をはじめとする差別の解消を目的とした法令の理念にのっとり、部落差別をはじめ、女性、子ども、高齢者、障害者、外国人等の人権に対するあらゆる差別の解消を推進し、人権擁護を図り、もって差別のない、すべての人の人権が尊重されるまちづくりの実現に寄与することを目的とする。
（定義）
第2条　この条例において、「市民」とは、本市に住所を有する者並びに市内に所在する事業所の事業主及び勤務する者をいう。
（市の責務）
第3条　市は、第1条の目的を達成するため、人権が尊重されるまちの環境づくりと人権意識を高めることを目的とする教育及び啓発に関する施策（以下「人権施策」という。）を積極的に推進し、市行政のあらゆる分野において人権意識の高揚に努めるものとする。
2　市は、人権施策を効果的に推進するため、国、県及び関係団体と連携を図り、推進体制の充実に努めるものとする。
3　市は、あらゆる差別に関する相談に的確に応じるため、必要な相談体制を整備するものとする。
4　市は、市民の人権意識の高揚を図るため、教育及び啓発活動の充実に努めるものとする。
5　市は、人権施策の実施に資するため、意識及び実態に係る調査を行うものとする。
（市民の責務）
第4条　市民は、多様な学びの場を通じて、自ら人権意識の高揚に努めるとともに、相互に基本的人権を尊重し、人権侵害に関する行為をしないように努めるものとする。
2　市民は、市が実施する人権施策及び国、県が実施するあらゆる差別の解消を目的とした施策に関して協力するよう努めるものとする。
（審議会）

第5条　人権施策に関する事項その他この条例の目的を達成するための必要な事項については、土佐市人権啓発推進委員会において審議する。

（委任）

第6条　この条例に定めるもののほか、必要な事項は、市長が別に定める。

　付則（施行期日）

この条例は、公布の日から施行する。

○大分県・豊後高田市
豊後高田市における部落差別をはじめあらゆる差別の解消を推進し人権を擁護する条例
（平成17年3月31日、条例第92号／改正平成30年12月20日条例第32号）

（目的）
第1条　この条例は、すべての国民に基本的人権の享有を保障し、法の下の平等を定める日本国憲法の基本理念及び部落差別の解消の推進に関する法律(平成28年法律第109号)をはじめとする差別の解消を目的とした法令の理念に則り、部落差別をはじめ、障がい者、外国人への差別等あらゆる差別(以下「差別」という。)の解消を推進し、人権の擁護を図ることにより、平和で明るい地域社会の実現に寄与することを目的とする。

(市の責務)

第2条 市は、前条の目的を達成するため、国及び県と適切な役割分担を踏まえ、連携を図り、必要な施策を積極的に推進するとともに、市民の人権意識の高揚を図るため、必要な教育及び啓発活動に努めるものとする。この場合において、市は、市民の自主性を尊重し、自立向上の意欲を助長するように配慮しなければならない。

(市民の責務)

第3条 市民は、相互に基本的人権を尊重し、差別の解消を推進するための施策に協力するとともに、自らも差別及び差別を助長する行為をしないよう努めなければならない。

(相談体制の充実)

第4条 市は、差別に関する相談に的確に応じるために必要な相談体制の充実に努めるものとする。

(実態調査)

第5条 市は、第2条に規定する施策の実施に資するため、必要に応じて実態調査等を行うものとする。

(審議会)

第6条 この条例の目的を達成するために必要な施策及びその推進に関する事項を審議するため、豊後高田市における部落差別をはじめあらゆる差別の解消を推進し人権擁護に関する審議会(以下「審議会」という。)を置く。

(組織)

第7条 審議会は、委員15人以内で組織し、次に掲げる者のうちから市長が委嘱し、又は任命する。

(1) 学識経験者
(2) 豊後高田市教育委員会委員
(3) 人権擁護委員
(4) 民生委員
(5) 各種団体の代表
(6) 豊後高田市職員

(任期)

第8条 委員の任期は、2年とする。ただし、補欠の委員の任期は、前任者の残任期間とする。

2 委員は、再任されることができる。

(会長)

第9条 審議会に会長を置き、委員の互選によりこれを定める。

2 会長は、会務を総理し、審議会を代表する。

3 会長に事故があるとき、又は会長が欠けたときは、会長があらかじめ指名する委員がその職務を代理する。

(会議)

第10条 審議会の会議(以下「会議」という。)は、会長が招集し、会長が議長となる。

2 会議は、委員の過半数が出席しなければ、これを開くことができない。

3 会議の議事は、出席委員の過半数で決し、可否同数のときは、議長の決するところによる。

4 審議会は、審議のため必要があるときは、関係者を会議に出席させて説明させ、又は意見を聴くことができる。

(庶務)

第11条　審議会の庶務は、人権・同和対策課において処理する。

（委任）

第12条　この条例に定めるもののほか、必要な事項は、市長が別に定める。

附則

この条例は、平成17年3月31日から施行する。

附則(平成30年12月20日条例第32号)

この条例は、公布の日から施行する。

○和歌山県・湯浅町
湯浅町部落差別をなくす条例

（目的）

第１条　この条例は、現在もなお部落差別が存在するとともに、情報化の進展に伴って部落差別に関する状況の変化が生じていることを踏まえ、「すべての人間は、生まれながらにして自由であり、かつ、尊厳と権利とについて平等である。」とした世界人権宣言の精神、全ての国民に基本的人権の享有を保障する日本国憲法及び部落差別のない社会の実現を目的とする部落差別の解消の推進に関する法律（平成28年法律第１０９号）の理念に基づき、部落差別は決して許されないものであるという認識の下、部落差別の解消に関し、基本理念を定め、町の責務を明確にするとともに、相談体制の充実等について定めることにより、部落差別の解消を推進し、もって部落差別のない湯浅町を実現することを目的とする。

（定義）

第２条　この条例において用いる用語の意義は、次に掲げるとおりとする。

（１）町民とは、湯浅町内に住所を有する者をいう。

（２）町民等とは、前号に規定する者及び湯浅町内に通学又は通勤する者並びに湯浅町を訪れる者をいう。

（３）モニタリングとは、インターネット上における部落差別と見なされる書込み及び投稿等（以下「差別書込み等」という。）を監視することをいう。

（４）事業者とは、湯浅町内で事業活動を行う個人、及び法人その他団体をいう。

（５）差別行為とは、誤解や偏見に起因する個人若しくは不特定多数又は被差別部落等を対象とした言動、落書き等の部落差別と見なされる誹謗中傷行為、就職又は結婚等を理由とする被差別部落の調査及びその他これらに類する行為をいう。

（６）差別者とは、前号に規定する差別行為を行った個人、法人及びその他団体をいう。

（７）被差別者とは、第５号に規定する差別行為を受けた個人、法人及びその他団体をいう。

（８）家族等とは、配偶者、父母、祖父母、子、兄弟姉妹、孫、配偶者の父母、子の配偶者及び後見人をいう。ただし、民法（明治29年法律第89号）第４条に規定する成年に満たない者は除く。

（基本理念）

第３条　部落差別の解消に関する理念は、全ての町民が基本的人権を享有するかけがえのない個人として尊重されるものであるということを踏まえ、部落差別は決して許されないものであるという基本的な認識の下、町民一人一人の理解を深めることに努め、部落差別を根本から解消するものとする。

（町の責務）

第４条　町は、前条の基本理念にのっとり、国及び県との適切な分担役割を踏まえ、国及び県との連携を図りつつ、部落差別の解消に関する施策を講ずる責務を有する。

（相談体制の充実）

第５条　町は、国及び県との適切な役割分担を踏まえ、部落差別に関する相談体制の充実に努めなければならない。

２　町長は、部落差別に関する相談窓口を、湯浅町立隣保館条例（昭和38年条例第12号）第２条に規定する隣保館に設置する。

３　町長は、前項に規定する隣保館のうち、湯浅町立湯浅隣保館に部落差別に関する相談員を置く。

（教育及び啓発）

第６条　町は、国及び県との適切な役割分担を踏まえ、部落差別を解消するために必要な教育及び啓発をあらゆる世代に対して、最も効果的と考えられる方法で行わなければならない。

（計画及び調査）

第７条　町は、部落差別の解消に関する施策を推進するため、湯浅町部落差別解消推進基本計画（以下「計画」という。）を策定するものとする。

２　町は、部落差別の解消に関する施策の実施及び前項に規定する計画を策定するため、必要に応じて、部落差別の実態に係る調査を行うものとする。

（推進体制の充実）

第８条　町は、前条第１項に規定する計画を効果的に推進するため、国及び県並びにその他この条例の目的を達成するために必要と考えられる団体等との連携を図るとともに、町の組織の整備又は充実に努めなければならない。

（モニタリング）

第９条　町長は、差別の助長及び拡散を抑止することを目的に、モニタリングを行うものとする。

２　町長は、前項に規定するモニタリングにおいて、町に関係する差別書込み等を発見した場合は、必要な方法によりそれを消去するよう努めるものとする。

３　町民等及び事業者は、町に関係する差別書込み等を発見した場合は、町長に報告するものとする。

４　町長は、前項に規定する報告を受けた場合は、内容を確認し、必要と認める場合は、それを消去するよう努めるものとする。

（審議会）

第10条　町は、第７条第１項に規定する計画の策定等に関する事項及び差別行為が発生した場合に、当該事項について審議するため湯浅町部落差別をなくす審議会（以下「審議会」という。）を置く。

２　審議会は、委員15人以内で組織する。

３　審議会の委員は、部落差別に識見を有する者等のうちから、町長が委嘱するものとする。

４　審議会に会長及び副会長各１人を置く。

５　審議会の委員の任期は、町長が委嘱した日から諮問に対する答申を行うまでの期間とする。

６　審議会の委員に対する報酬及び旅費その他の費用弁償は、湯浅町特別職の職員の給与並びに旅費及び費用弁償に関する条例（昭和61年条例第１号）に定めるところによる。

７　審議会の委員は、職務上知り得た情報を漏らしてはならない。また、その職を退いた後も同様とする。

８　前各項に定めるもののほか、審議会の組織及び運営に関する事項は、町長が別に定める。

（差別行為の情報提供）
第11条　町民等は、差別行為を知り得た場合は、速やかに町長に情報提供するものとする。
2　事業者は、業務中又は管理する施設内で差別行為を発見した場合は、速やかに町長に情報提供するものとする。
3　被差別者は、当該差別行為の解消を目的に、町長に申し出ることができる。
（差別行為の調査）
第12条　町長は、前条各項に規定する提供情報を受けた場合は、当該差別行為の調査を行うものとする。
2　事業者は、前条第2項に規定する情報提供を行った場合は、業務に支障がない範囲で、当該差別行為に係る調査に協力するよう努めるものとする。
3　町長は、第1項に規定する調査の経過及び結果について、審議会に諮問するものとする。
（差別者への指導及び助言）
第13条　町長は、審議会の答申を踏まえ、差別者の誤解、偏見等を取り除くことを目的に　指導又は助言（以下「指導等」という。）を行うものとする。
2　町長は、必要と認める場合は、差別者の家族等に指導等を行うことができる。
（差別者への勧告）
第14条　町長は、前条に規定する指導等を行ったにもかかわらず、差別者がその指導等に従わない場合及び差別行為を繰り返す場合は、差別行為を行わないよう勧告することができる。
（差別者への命令）
第15条　町長は、前条に規定する勧告を受けた者が正当な理由なく当該勧告に従わない場合は、期限を定めて当該勧告に従うよう命令することができる。
（差別者の氏名等の公表）
第16条　町長は、前条に規定する命令を受けた者が正当な理由なく命令に従わない場合は、その者の氏名等を公表することができる。
2　町長は、前条の規定により氏名等を公表する場合は、あらかじめ公表されるべき者にその理由を告知し、意見を述べる機会を与えるものとする。
（被差別者の支援及び救済）
第17条　町は、この条例に定めるもののほか、被差別者への支援及び救済に積極的に努めるものとする。
（秘密保持）
第18条　町長は、差別行為の調査等により知り得た情報の適正管理に努めるものとする。
（委任）
第19条　この条例に定めるもののほか、必要な事項は町長が別に定める。

附則

1　この条例は、平成31年4月1日に公布し、平成31年10月1日から施行する。
2　この条例の施行の日以後において、第9条に規定するモニタリングにより発見した差別書込み等は、同日前になされた差別書込み等についても、この条例の規定を適用する。

資料3　自治体における「人権意識調査」報告書（２０１８年１月〜２０１９年７月）

1．栃木県栃木市『人権問題に関する市民意識調査報告書』（２０１８年１月）
2．京都府京丹後市『京丹後市民の人権に関する意識調査結果報告書』（２０１８年２月）
3．新潟県小千谷市『人権に関する市民意識調査報告書』（２０１８年２月）
4．奈良県『人権に関する県民意識調査報告書』（２０１８年３月）
5．大阪府吹田市『人権についての吹田市市民意識調査』（２０１８年３月）
6．大阪府狭山市『大阪狭山市・人権に関する市民意識調査報告書』（２０１８年３月）
7．香川県今治市『人権意識に関するアンケート調査報告書』（２０１８年３月）
8．愛知県豊川市『平成29年度豊川市人権に関する市民意識調査・調査結果報告書』（２０１８年３月）
9．島根県松江市『人権に関する市民意識調査報告書』（２０１８年３月）
10．新潟県新発田市・新発田市教育委員会『人権問題についての市民意識調査結果報告書』（２０１８年３月）
11．福岡県久留米市『久留米市人権・同和問題市民意識調査結果報告書』（２０１８年３月）
12．埼玉県熊谷市人権教育推進協議会『人権に関する意識調査（第12回）』（２０１８年３月）
13．鳥取県米子市『米子市人権問題市民意識調査報告書』（２０１８年４月）
14．新潟県出雲崎町『人権に関する町民意識調査報告書』（２０１８年５月）
15．滋賀県米原市総務部人権政策課『米原市人権意識調査（２０１７年度）報告書』（２０１８年９月）
16．熊本県菊池市『平成30年度菊池市　人権に関する市民意識調査【調査結果報告書】』（２０１８年11月）
17．奈良県生駒市『平成30年度生駒市人権に関する市民意識調査結果報告書』（２０１８年12月）
18．静岡県浜松市『平成30年度人権に関する意識調査報告書』（２０１９年１月）
19．和歌山県『人権に関する県民意識調査　調査結果報告書』（２０１９年２月）
20．岐阜県岐阜市市民参画部人権啓発センター『「共に生き合う」まちづくり―第８回「人権に関する市民意識調査結果」まとめ―』（２０１９年３月）

21. 東京都港区『人権に関する区民意識調査報告書』(2019年3月)
22. 滋賀県草津市『平成30年度「人権・同和問題」に関する市民意識調査報告書』(2019年3月)
23. 滋賀県長浜市『人権に関する市民意識調査(結果報告書)』(2019年3月)
24. 愛知県名古屋市『人権についての市民意識調査報告書』(2019年3月)
25. 新潟県新潟市市民生活部・広聴相談課・市民相談室『平成30年度新潟市人権に関する市民意識調査報告書』(2019年3月)
26. 岡山県岡山市『人権問題に関する市民意識調査報告書』(2019年3月)
27. 兵庫県尼崎市『人権についての市民意識調査結果報告書』(2019年3月)
28. 和歌山県橋本市『橋本市・人権に関する市民意識調査報告書』(2019年3月)
29. 奈良県御所市『御所市人権問題に関する市民意識調査報告書』(2019年3月)
30. 栃木県佐野市『人権問題に関する市民意識調査報告書』(2019年3月)
31. 千葉県野田市『野田市人権に関する市民意識調査報告書』(2019年3月)
32. 佐賀県多久市・多久市教育委員会『人権問題に関する多久市民意識調査報告書』(2019年3月)
33. 愛媛県内子町教育委員会・内子町人権教育協議会『人権問題に関する町民意識調査報告書』(2019年3月)
34. 香川県坂出市『人権に関する市民意識調査報告書』(2019年3月)
35. 兵庫県・公益財団法人兵庫県人権啓発協会『人権に関する県民意識調査　調査結果報告書』(2019年3月)
36. 兵庫県丹波市『丹波市人権に関する市民意識調査結果報告書』(2019年3月)
37. 岡山県赤磐市・赤磐市教育委員会『人権に関する意識調査報告書』(2019年3月)
38. 京都府京都市『人権に関する市民意識調査報告書』(2019年3月14日)
39. 富山県『人権に関する県民意識調査報告書』(2019年6月)
40. 岡山県真庭市人権教育推進委員会『人権に関する意識調査報告書』(2019年6月)
41. 長野県飯山市教育委員会『人権に関する市民意識調査報告書』(2019年6月)
42. 福岡県中間市『中間市人権問題に関する市民意識調査報告書』(2019年7月)

執筆者

第１章	新井　直樹	全国地域人権運動総連合事務局長
第２章	奥山　峰夫	部落問題研究所理事
第３章	杉島　幸生	弁護士
第４章	梅田　　修	部落問題研究所理事
第５章	石倉　康次	立命館大学教授
第６章	植山　光朗	福岡県地域人権運動連合会事務局長
第７章	山村さちほ	日本共産党奈良県議会議員
第８章	川上　直喜	日本共産党飯塚市議会議員
第９章	村上　信夫	日本共産党土佐市議会議員
第10章	上野　正紀	弁護士

部落問題の解決に逆行する「部落差別解消推進法」

2020年3月30日　初版印刷・発行

編　者　部落問題研究所
発行者　梅田　修
発行所　部落問題研究所

京都市左京区高野西開町34―11
TEL 075(721)6108　FAX 075(701)2723

ISBN978-4-8298-1083-5